汽车前沿技术
科·普·系·列

图说 智能网联汽车技术

◆ 郭建英　赵鹏媛　主编

化学工业出版社

·北京·

内容简介

本书主要讲解智能网联汽车的相关概念、原理、设计方法及未来发展趋势,涵盖智能网联汽车技术的基本知识、智能传感器技术、网络与通信技术、导航定位技术、线控技术、先进驾驶辅助技术、自动驾驶的前瞻技术等方面。全书在内容上层层深入,基本覆盖了智能网联汽车技术所涉及的各类知识,可供对汽车前沿技术感兴趣的非汽车专业人群,汽车专业的入门者,从事智能汽车、无人驾驶技术研发和产业化的学生、工程师和创业者阅读。

图书在版编目(CIP)数据

图说智能网联汽车技术/郭建英,赵鹏媛主编. —北京:化学工业出版社,2023.5
(汽车前沿技术科普系列)
ISBN 978-7-122-42824-0

Ⅰ.①图… Ⅱ.①郭… ②赵… Ⅲ.①汽车-智能通信网-图解 Ⅳ.①U463.67-64

中国国家版本馆CIP数据核字(2023)第030637号

责任编辑:黄 滢
文字编辑:王 硕
责任校对:宋 夏
装帧设计:刘丽华

出版发行:化学工业出版社
　　　　(北京市东城区青年湖南街13号　邮政编码100011)
印　　装:中煤(北京)印务有限公司
710mm×1000mm　1/16　印张15　字数265千字
2023年5月北京第1版第1次印刷

购书咨询:010-64518888　　售后服务:010-64518899
网　　址:http://www.cip.com.cn
凡购买本书,如有缺损质量问题,本社销售中心负责调换。

定　　价:88.00元　　　　　　　　　　版权所有　违者必究

前言

当前,汽车产业正在经历百年一遇的变革,以电动化、智能化、网联化、共享化为特征的"新四化"浪潮正深刻改变着汽车行业的面貌。智能网联汽车技术近年来蓬勃发展起来,许多与智能网联技术相关的汽车已经实现量产,而且与我们的日常生活息息相关。随之而来的是,大量非专业读者渴望去了解这些专业技术的发展情况、技术原理、未来趋势等。鉴于此,在化学工业出版社的组织下,特编写了本书。

本书着重对智能网联汽车的相关技术进行介绍,紧跟现阶段汽车产业的发展趋势,希望可以给对智能网联汽车感兴趣的人员提供一些相关知识。全书内容共分10章:第1章简要介绍智能网联汽车的相关术语和关键技术;第2章介绍智能网联汽车智能传感器技术,包括超声波雷达、毫米波雷达、激光雷达、视觉传感器的原理、特点、应用,以及传感器融合技术方案等;第3章介绍智能网联汽车网络与通信技术,涵盖车载网络、蓝牙技术、射频识别技术以及各类通信技术等;第4章介绍智能网联汽车导航定位技术,包括导航定位系统、电子地图及地图构建技术等;第5章介绍智能网联汽车线控技术,包括线控转向、线控制动、线控油门、线控悬架系统等;第6章介绍智能网联汽车先进驾驶辅助技术,如碰撞预警、盲区监测、车道保持、自适应巡航、智能座舱系统等;第7章介绍智能网联汽车自动驾驶前瞻技术,如人工智能、深度学习、语义分割、大数据、云计算等;第8章介绍智能网联汽车控制执行技术,包括纵向运动和横向运动;第9章介绍智能网联汽车决策规划的方法、分类和要求;第10章介绍智能网联汽车测试技术,包括道路测试、测试场景、虚拟仿真测试等。

本书在内容上层层深入,基本覆盖了智能网联汽车技术所涉及的各类知识,可供对汽车前沿技术感兴趣的非汽车专业人群,汽车专业的入门者,从事智能汽车、无人驾驶技术研发和产业化的学生、工程师和创业者参考。

本书由郭建英、赵鹏媛主编,罗健章、安康、任婷、何章文、王少丽参编。编写过程中参考了相关文献资料,在此一并表示感谢!

由于笔者水平所限,书中难免存在疏漏和不妥之处,恳请广大读者批评指正。

编者

目录

第1章　智能网联汽车技术概述　/ 001

1.1　发展智能网联汽车的必要性　002
1.2　智能网联汽车的定义及相关术语　002
1.3　智能网联汽车的智能化分级与网联化分级　007
1.4　智能网联汽车的体系结构　008
1.5　智能网联汽车的关键技术　011
1.6　智能网联汽车的发展趋势　013

第2章　智能网联汽车智能传感器技术　/ 014

2.1　超声波雷达　015
  2.1.1　超声波雷达的定义与特点　015
  2.1.2　超声波雷达的组成与结构原理　016
  2.1.3　超声波雷达的技术参数　018
  2.1.4　超声波雷达的产品与应用　020
  2.1.5　超声波雷达的数学模型　022
  2.1.6　超声波雷达的特性　023
2.2　毫米波雷达　024
  2.2.1　毫米波雷达的定义与特点　024
  2.2.2　毫米波雷达的组成与原理　025
  2.2.3　毫米波雷达的技术参数　026
  2.2.4　毫米波雷达的产品与应用　027
  2.2.5　毫米波雷达的工作机制　032
  2.2.6　3D 与 4D 毫米波雷达解析　033
  2.2.7　24GHz 和 77GHz 毫米波雷达对比分析　033
  2.2.8　毫米波雷达距离分辨率、距离精度和角分辨率解读　034

	2.2.9	毫米波雷达的标定	035
2.3	激光雷达		041
	2.3.1	激光雷达的定义与特点	041
	2.3.2	激光雷达的组成与原理	042
	2.3.3	激光雷达的技术参数与类型	044
	2.3.4	激光雷达的产品与应用	046
	2.3.5	激光雷达感知方案	050
	2.3.6	激光雷达的标定	063
2.4	视觉传感器		068
	2.4.1	视觉传感器的定义与特点	068
	2.4.2	视觉传感器的组成与原理	069
	2.4.3	视觉传感器的技术参数	071
	2.4.4	视觉传感器的产品与应用	073
	2.4.5	视觉传感器的功能	081
	2.4.6	视觉传感器的标定	082
2.5	传感器融合技术		085
	2.5.1	传感器的融合原理	085
	2.5.2	传感器的融合方案	086
2.6	智能传感器的配置实例		086

第 3 章　智能网联汽车网络与通信技术　/ 089

3.1	智能网联汽车网络技术		090
	3.1.1	智能网联汽车的网络构成	090
	3.1.2	车载网络	090
	3.1.3	车载自组织网络	098
	3.1.4	车载移动互联网	101

目 录

3.2 智能网联汽车通信技术 ... 102
   3.2.1 V2X 通信技术 ... 102
   3.2.2 蓝牙技术 ... 104
   3.2.3 射频识别技术 ... 104
   3.2.4 DSRC 通信技术 ... 107
   3.2.5 LTE-V 通信技术 ... 108
   3.2.6 5G 通信技术 ... 110
   3.2.7 V2X 通信系统安全风险 ... 111
   3.2.8 V2X 通信技术的应用场景及技术要求 ... 111

第 4 章 智能网联汽车导航定位技术 / 115

4.1 导航定位系统 ... 116
4.2 全球卫星定位技术 ... 117
   4.2.1 全球定位系统 ... 117
   4.2.2 差分全球定位系统 ... 119
   4.2.3 GPS/DR 组合导航定位系统 ... 120
4.3 北斗导航卫星系统 ... 121
4.4 惯性导航系统 ... 123
4.5 通信基站定位系统 ... 124
   4.5.1 AOA 定位法 ... 125
   4.5.2 TOA 定位法 ... 125
   4.5.3 TDOA 定位法 ... 126
4.6 即时定位与地图构建（SLAM）技术 ... 126
   4.6.1 视觉 SLAM 技术 ... 126
   4.6.2 激光 SLAM 技术 ... 128
   4.6.3 视觉 SLAM 与激光 SLAM 的区别 ... 129

　　4.6.4　激光 SLAM 技术的应用实例　　　　　　　　　129
　4.7　电子地图技术　　　　　　　　　　　　　　　　　130
　　4.7.1　导航电子地图　　　　　　　　　　　　　　　130
　　4.7.2　高精度地图　　　　　　　　　　　　　　　　130
　　4.7.3　高精度地图与导航电子地图的区别　　　　　　132

第 5 章　智能网联汽车线控技术　/　133

　5.1　汽车线控转向技术　　　　　　　　　　　　　　　134
　5.2　汽车线控制动技术　　　　　　　　　　　　　　　136
　5.3　汽车线控油门技术　　　　　　　　　　　　　　　143
　5.4　汽车线控驱动技术　　　　　　　　　　　　　　　145
　5.5　汽车线控换挡技术　　　　　　　　　　　　　　　146
　5.6　汽车线控悬架技术　　　　　　　　　　　　　　　151
　　5.6.1　汽车线控悬架系统的定义　　　　　　　　　　151
　　5.6.2　汽车线控悬架系统的组成和工作原理　　　　　151
　　5.6.3　汽车线控悬架系统的特点　　　　　　　　　　154
　5.7　汽车线控技术的应用　　　　　　　　　　　　　　154

第 6 章　智能网联汽车先进驾驶辅助技术　/　156

　6.1　前向碰撞预警系统　　　　　　　　　　　　　　　157
　6.2　自动紧急制动系统　　　　　　　　　　　　　　　158
　6.3　车道偏离预警系统　　　　　　　　　　　　　　　159
　6.4　车道保持辅助系统　　　　　　　　　　　　　　　161
　6.5　盲区监测系统　　　　　　　　　　　　　　　　　162
　6.6　自适应巡航控制系统　　　　　　　　　　　　　　163

目 录

6.7	智能泊车辅助系统	166
6.8	智能座舱系统	169
	6.8.1 智能座舱概述	169
	6.8.2 抬头显示系统	170
	6.8.3 夜视系统	171
	6.8.4 驾驶员疲劳预警系统	171
	6.8.5 人车交互技术	172
6.9	其他先进驾驶辅助系统	172
6.10	先进驾驶辅助系统的应用实例	178

第 7 章 智能网联汽车自动驾驶前瞻技术 / 181

7.1	人工智能技术与自动驾驶	182
7.2	深度学习技术与自动驾驶	184
7.3	语义分割技术与自动驾驶	186
7.4	大数据技术与自动驾驶	188
7.5	云计算技术与自动驾驶	189
7.6	多接入边缘计算技术与自动驾驶	190

第 8 章 智能网联汽车控制执行技术 / 194

8.1	控制执行整体认知	195
	8.1.1 控制执行的定义	195
	8.1.2 控制执行的类型	195
	8.1.3 控制执行的方法	196
8.2	纵向运动控制	198
8.3	横向运动控制	201

第 9 章　智能网联汽车决策规划　/ 204

9.1　决策规划整体认知　　205
9.1.1　决策规划的定义　　205
9.1.2　决策规划的分类　　206
9.1.3　决策规划的要求　　207
9.2　决策规划方法　　207
9.2.1　目标状态预测　　207
9.2.2　行为决策　　208
9.2.3　路径规划　　210

第 10 章　智能网联汽车测试技术　/ 212

10.1　智能网联汽车测试概述　　213
10.2　智能网联汽车道路测试　　216
10.3　智能网联汽车测试场景　　220
10.4　智能网联汽车虚拟仿真测试　　222

参考文献　/ 229

第 1 章

智能网联汽车技术概述

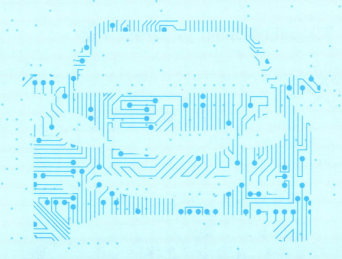

1.1 发展智能网联汽车的必要性

随着半导体技术的突飞猛进、通信技术的不断发展（特别是5G技术的到来），以及人工智能技术的广泛应用，汽车产品的架构和产业格局都发生了深刻的变革。伴随着越来越多的传感器、高性能数字处理芯片以及车用以太网和5G技术的导入，大量的数据、算法、应用、连接在汽车上交织融合，使得汽车产品形态正在快速走向车内智能技术应用及车内外数据充分共享，并越来越强调云端计算、服务、控制等功能的整合。这一变化使得汽车制造商由制造端向服务端转移。

智能网联汽车是新一轮科技革命背景下的新兴产品，可显著改善交通安全、实现节能减排、减缓交通拥堵、提高交通效率，并拉动汽车、电子、通信、服务、社会管理等协同发展，对促进汽车产业转型升级具有重大战略意义。因此，中国要发展智能网联汽车。

1.2 智能网联汽车的定义及相关术语

（1）智能网联汽车　智能网联汽车是指搭载先进的车载传感器、控制器、执行器等装置，并融合现代通信与网络技术，实现车与X（车、路、行人、云端等）智能信息交换、共享，具备复杂环境感知、智能决策、协同控制等功能，可实现车辆"安全、高效、舒适、节能"行驶，并最终实现替代人来操作的新一代汽车（图1-1、图1-2）。

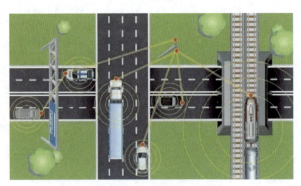

图1-1　智能网联汽车

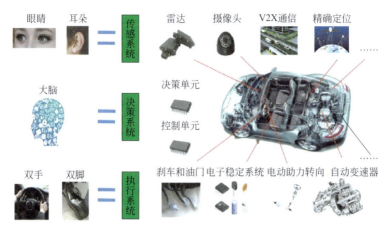

图 1-2 智能网联汽车系统

（2）智能汽车 智能汽车是通过搭载先进传感系统、决策系统、执行系统，运用信息通信、互联网、大数据、云计算、人工智能等新技术，具有部分或完全自动驾驶功能，由单纯交通运输工具逐步向智能移动空间转变的新一代汽车（图1-3）。

目前典型的智能汽车是具有先进驾驶辅助系统（ADAS）的车辆。ADAS 有前向碰撞预警系统、车道偏离预警系统、盲区监测系统、车道保持辅助系统、自动紧急制动系统、自适应巡航控制系统、自动泊车辅助系统、自适应前照明系统、夜视辅助系统、平视显示系统、全景泊车系统等。ADAS 在汽车上配置得越多，汽车智能化程度越高，终极目标是无人驾驶汽车。

图 1-3 智能汽车

例如，奔驰 2019 款 E260L 运动型 4MATIC 轿车，配置了盲区监测系统、车道偏离预警系统、车道保持辅助系统、驾驶员疲劳预警系统、自适应巡航控制系统、自动泊车辅助系统等，属于智能化程度较高的智能汽车。

（3）**车联网**　车联网是指利用物联网、无线通信、卫星定位、云计算、语音识别等技术，建立的一张全面覆盖车辆、交通基础设施、交通参与者、交通管理者、交通服务商等的快速通信网络，可实现智能信号控制、实时交通诱导、交通秩序管理、交通信息服务等一系列交通管理与服务应用，最终达到交通安全、行车高效、驾驶舒适、节能环保等目标（图1-4）。

图1-4　车联网

（4）**自动驾驶汽车**　自动驾驶汽车是指汽车至少在某些具有关键安全性的控制功能方面（如转向、加速或制动）无须驾驶员直接操作即可自动完成控制动作的车辆。自动驾驶汽车一般使用车载传感器、GPS和其他通信设备获得信息，针对安全状况进行决策规划，在某种程度上恰当地实施控制。

例如，天籁2019款2.0TXVAD1智能领航版轿车配备了并线辅助系统、车道偏离预警系统、车道保持辅助系统、自动制动辅助系统、驾驶员疲劳预警系统、全速自适应巡航控制系统、自动泊车辅助系统等，属于L2级的自动驾驶汽车。

（5）**无人驾驶汽车**　无人驾驶汽车是通过车载环境感知系统感知道路环境，自动规划和识别行车路线并控制车辆到达预定目标的智能汽车（图1-5）。无人驾驶汽车能够在限定的环境乃至全部环境下完成驾驶任务。

（6）**智能交通系统**　智能交通系统涉及道路上的车辆、行人和各种交通设施，强调系统平台通过智能化方式对交通环境下的车辆、行人及交通设施进行智能化管理和控制，提高交通安全程度和效率（图1-6）。

| 图1-5 无人驾驶汽车 | 图1-6 智能交通系统 |

（7）智能网联汽车智能传感器　如图1-7所示。

图1-7　智能网联汽车智能传感器

（8）智能网联汽车底盘线控执行系统　智能网联汽车底盘线控执行系统是指智能网联汽车基于计算平台的决策规划进行转向和加减速的执行系统（图1-8），包括线控转向、线控制动、线控驱动等软硬件。

（9）智能网联汽车智能座舱系统　智能网联汽车智能座舱系统是指以车联网为依托，集合丰富的车载传感器、控制器、网络传感器、云端数据、算力资源，基于人工智能技术和先进的人机交互技术，提供友好的人机交互界面，提升车辆行驶安全性、通信感知能力、用户体验的汽车座舱软硬件集成系统。它主要由人机交互系统、环境控制系统、影音娱乐系统、信息通信系统、导航定位系统等组成（图1-9）。

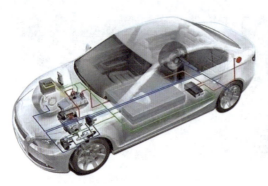

图1-8　智能网联汽车底盘线控执行系统　　图1-9　智能网联汽车智能座舱系统

（10）**智能网联汽车计算平台**　是以环境感知数据、导航定位信息、车辆实时数据、云端智能计算平台数据和其他V2X交互数据等作为输入，基于环境感知定位、智能规划决策和车辆运动控制等核心控制算法，输出驱动、转向和制动等执行控制指令，实现车辆智能驾驶路径决策的规划控制系统。

（11）**智能驾驶**　智能驾驶是指由感知、决策和控制系统组成的可协助、代替人类驾驶员的驾驶技术（图1-10）。

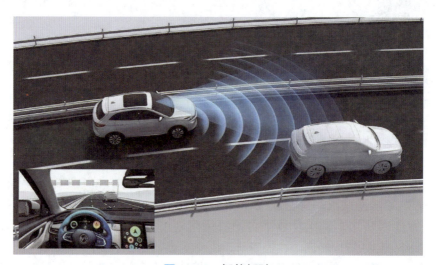

图1-10　智能驾驶

（12）**车路协同控制**　是指基于无线通信、传感探测等技术进行车路信息获取，通过V2V、V2I信息交互和共享，实现车辆和基础设施之间智能协同与配合，达到优化利用系统资源、提高道路交通安全性、缓解交通拥堵的目标（图1-11）。

图 1-11　车路协同控制

1.3 智能网联汽车的智能化分级与网联化分级

（1）智能网联汽车的智能化分级　见表 1-1。

表 1-1　智能网联汽车的智能化分级

智能化等级	1（DA）	2（PA）	3（CA）	4（HA）	5（FA）
等级名称	驾驶辅助	部分自动驾驶	有条件自动驾驶	高度自动驾驶	完全自动驾驶
等级定义	根据环境信息对方向和加减速中的一项操作提供支援，其他驾驶操作都由人完成	根据环境信息对方向和加减速中的多项操作提供支援，其他驾驶操作都由人完成	由无人驾驶系统完成所有驾驶操作，根据系统请求，驾驶员需要提供适当的干预	由无人驾驶系统完成所有驾驶操作，特定环境下系统会向驾驶员提出响应请求，驾驶员可以不对系统请求进行响应	无人驾驶系统可以完成驾驶员能够完成的所有道路环境下的操作，不需要驾驶员介入
控制	人与系统	人与系统	系统	系统	系统
监视	人	人	系统	系统	系统
失效应对	人	人	人	系统	系统
典型工况	车道内正常行驶、高速公路无车道干涉路段、泊车工况	车道内正常行驶、高速公路无车道干涉路段、泊车工况	高速公路正常行驶工况及市区无车道干涉路段	高速公路全部工况及市区有车道干涉路段	所有行驶工况

（2）智能网联汽车的网联化分级　见表1-2。

表1-2　智能网联汽车的网联化分级

网联化等级	1	2	3
等级名称	网联辅助信息交互	网联协同感知	网联协同决策与控制
等级定义	基于车-路、车-云通信，实现导航、道路状态、交通信号灯等辅助信息的获取以及车辆行驶与驾驶员操作等数据的上传	基于车-车、车-路、车-人、车-云通信，实现车辆周边交通环境信息的获取，与车载传感器的感知信息融合，作为自车决策与控制系统的输入	基于车-车、车-路、车-人、车-云通信，实时并可靠获取车辆周边交通环境信息及车辆决策信息，车-车、车-路等各交通参与者之间信息进行交互融合，形成车-车、车-路等各交通参与者之间的协同决策与控制
典型信息	地图、交通流量、交通标志、油耗、里程等静态信息	周边车辆/行人/非机动车位置、信号灯相位、道路预警等动态数字化信息	车-车、车-路、车-云间的协同控制信息
传输要求	传输实时性、可靠性要求较低	传输实时性、可靠性要求较高	传输实时性、可靠性要求较高
典型场景	交通信息提醒、车载信息娱乐服务、eCall等	道路湿滑、紧急制动预警、特殊车辆避让等	列队跟驰等
车辆控制	人	人/自车	人/自车/他车/云

1.4　智能网联汽车的体系结构

（1）智能网联汽车的层次结构　如图1-12所示。

图1-12　智能网联汽车的层次结构

（2）智能网联汽车的技术结构　如图 1-13、表 1-3 所示。

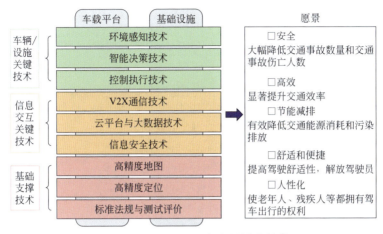

图 1-13　智能网联汽车的技术结构

表 1-3　智能网联汽车技术体系

第一层	第二层	第三层
车辆/设施关键技术	环境感知技术	雷达探测技术
		机器视觉技术
		车辆状态感知技术
		乘员状态感知技术
		协同感知技术
		信息融合技术
	智能决策技术	行为预测技术
		态势分析技术
		任务决策技术
		轨迹规划技术
		行为决策技术
	控制执行技术	关键执行机构（驱动/制动/转向/悬架）
		车辆纵向/横向/垂直控制技术
		车间协同控制技术
		车路协同控制技术
		智能电子电气架构

续表

第一层	第二层	第三层
信息交互关键技术	专用通信与网络技术	车辆专用短程通信技术
		车载无线射频通信技术
		LTE-V 通信技术
		移动自组织网络技术
		面向智能交通的 5G 通信技术
	大数据技术	非关系型数据库技术
		数据高效存储和检索技术
		车辆数据关联分析与挖掘技术
		驾驶员行为数据分析与应用技术
	平台技术	信息服务平台
		安全/节能决策平台
	信息安全技术	车载终端信息安全技术
		手持终端信息安全技术
		路侧终端信息安全技术
		网络信息安全技术
		数据平台信息安全技术
基础支撑技术	高精度地图	三维动态高精度地图
	高精度定位	卫星定位技术
		惯性导航与航迹推算技术
		通信基站定位技术
		协作定位技术
	基础设施	路侧设施与交通信息网络建设
	车载硬件平台	通用处理平台/专用处理芯片
	车载软件平台	交互终端操作系统
		车辆控制器操作系统/共用软件基础平台
	人机工程	人机交互技术
		人机共驾技术
	整车安全架构	整车网络安全架构
		整车安全功能架构
	标准法规	标准体系与关键标准
	测试评价	测试场地规划
		测试场地建设
	示范应用	示范应用推广

1.5 智能网联汽车的关键技术

(1)环境感知传感器技术(图1-14) 相关软硬件包括超声波雷达、毫米波雷达、激光雷达、视觉传感器及其感知算法;感知对象包括道路、车辆、行人、交通标志、交通信号灯等;要做到低成本、高效率、准确地识别出这些感知对象,还有很多技术问题需要解决。

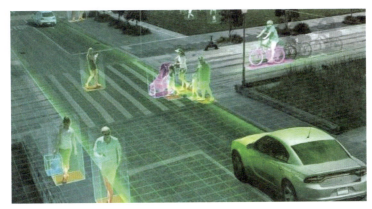

图1-14 环境感知传感器技术

(2)决策规划技术 汽车驾驶自动化水平的提高,对车辆自主决策能力提出了新的要求。汽车不仅需要在某个具体工况,如超车、巡航和跟车等单一工况下进行决策规划,还需要有在线学习能力以适应更加复杂的道路交通环境和不可预期工况。

(3)控制执行技术 自动驾驶汽车决策规划出行驶路径,由底盘执行机构实现汽车状态控制和轨迹跟踪,这一过程中,控制执行技术起着至关重要的作用。目前,传统汽车底盘的控制结构仍为分布式电子架构,不同子系统都有各自的运算控制器,较难实现所有功能的协同控制,必须实现线控底盘。

(4)交互通信技术 主要包括人机交互、车载通信模块、V2X通信等多种技术。其中人机交互包驾驶员监控、语音交互、语义理解、手势控制和虚拟现实等,主要依靠深度学习和大数据等技术实现;车载通信模块具有通信网关和防火墙机制,支持报警、服务类功能、远程车辆操控类功能、车辆信息反馈类功能和基于位置的服务类等信息控制功能;V2X通信技术强调车辆在行驶环境中与其他交通参与者实时互联通信,获得其交通参数,对传输速度、延时性和丢包率等均有较高的要求。

（5）计算芯片技术　芯片是智能网联汽车的核心运算单元，主要包括中央处理器、图形处理器、现场可编程门阵列及专用定制芯片等（图1-15）。

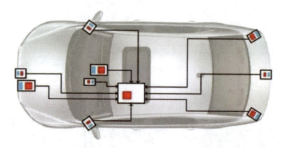

图1-15　汽车计算芯片

（6）云计算平台技术　云计算平台通过以太网与车辆、路侧设备进行远程通信，实现远程监控、车辆追踪、调度管理和路径规划等功能，同时还能够利用云计算和大数据处理，为自动驾驶控制策略、智能交通控制管理的研究提供数据依据。

（7）网络信息安全技术　智能网联汽车需满足车联网通信的保密性、完整性、可鉴别性等要求。通过引入密码安全芯片、设计"端-管-云"安全主动防御机制、使用密码安全协议和设置可信计算区域等手段，对云计算平台和车载终端进行软件代码和物理硬件安全升级（图1-16）。

图1-16　网络信息安全

（8）虚拟仿真测试技术　运用计算机建模构建出虚拟的街道、城乡和高速公路等作为测试环境，并在虚拟环境中加入测试用例，这种虚拟测试方法可以大大提高自动驾驶技术的研发测试效率、缩短研发测试周期,并能实现场地测试无法提供的海量测试场景用例。

1.6 智能网联汽车的发展趋势

(1)环境感知技术方面　77GHz 或 79GHz 毫米波雷达将取代 24GHz 毫米波雷达,天线尺寸更小、角分辨率更高,芯片材料将向着互补金属氧化物材料发展;激光雷达将向着固态激光雷达、更远的探测距离和更高的分辨率、更小的尺寸和更低的成本发展;视觉传感器将沿着深度学习的技术路线,向模块化、可扩展、全天候方向发展。

(2)决策规划技术方面　人工智能技术将由目前所处的机器学习、深度学习阶段向自主学习方向发展;人工智能算法芯片将会对软硬件进行深度整合,使其拥有超强的计算能力、更小的体积、更低功耗,算法处理速率将会大幅提升。

(3)车辆控制技术方面　整车电子电气架构将向着跨域集中式电子架构和车辆集中式电子架构发展,分散的控制单元将减少,取而代之的是应用先进算法的集中控制单元;车辆控制算法也由传统控制方法向基于模型预测控制、最优控制、神经网络控制和深度学习等智能控制方法转变。

(4)自主式与网联式智能技术加速融合　网联式系统能从时间和空间维度突破自主系统对于车辆周边环境的感知能力局限。在时间维度,通过 V2X 通信,系统能够提前获知周边车辆的操作信息、红绿灯等交通控制系统信息,以及气象条件、拥堵预测等更长期的未来状态信息。在空间维度,通过 V2X 通信,系统能够感知交叉路口盲区、弯道盲区、车辆遮挡盲区等位置的环境信息,从而帮助自动驾驶系统更全面地掌握周边交通态势。网联式智能技术与自主式智能技术相辅相成,互为补充,正在加速融合发展。

(5)智能新技术将助推智能网联汽车快速发展　人工智能中的深度学习、语义分割、边缘计算和大数据、云计算、5G 以及边缘端、云端等新技术在智能网联汽车中的应用将不断深入,助推智能网联汽车快速发展。

第2章 智能网联汽车智能传感器技术

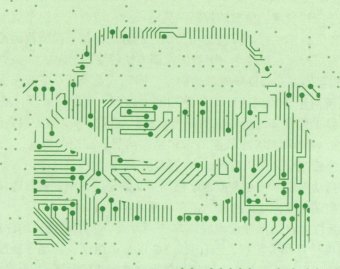

2.1 超声波雷达

2.1.1 超声波雷达的定义与特点

声波是一种在气体、液体、固体中传播的弹性波,分为次声波($f<20\text{Hz}$)、声波($20\text{Hz}\leqslant f\leqslant 20\text{kHz}$)和超声波($f>20\text{kHz}$)。声波是人耳能听到的声音,次声波和超声波是人耳听不到的声音。

(1)超声波雷达的定义　超声波雷达也称超声波传感器,它是利用超声波特性研制而成,是在超声波频率范围内将交变的电信号转换成声信号或将外界声场中的声信号转换为电信号的能量转换器件。超声波雷达在汽车上经常用于倒车,所以也称倒车雷达(图2-1)。

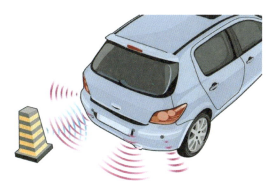

图 2-1　倒车雷达

(2)超声波雷达的优点

❶ 超声波雷达的频率都相对固定,例如汽车上用的超声波雷达,频率有40kHz、48kHz 和58kHz 等,频率不同,探测的范围也不同。

❷ 超声波雷达结构简单,体积小,成本低,信息处理简单可靠,易于小型化与集成化,并且可以进行实时控制。

❸ 超声波雷达灵敏度较高。

❹ 超声波雷达抗环境干扰能力强,对天气变化不敏感。

❺ 超声波雷达可在室内、黑暗中使用。

(3)超声波雷达的缺点

❶ 探测距离短,一般为 3～5m,因此应用范围受到限制。

❷ 适合于低速，在速度很高的情况下测量距离具有一定的局限性。

❸ 超声波有一定的扩散角，只能测量距离，不可以测量方位，所以只能在低速时使用，而且必须在汽车的前、后保险杠不同方位上安装多个超声波雷达。

❹ 对于低矮、圆锥形、过细的障碍物或者沟坎，超声波雷达不容易探测到。

❺ 超声波雷达存在盲区。

2.1.2 超声波雷达的组成与结构原理

（1）超声波雷达的组成　　超声波雷达内部有一个发射头和一个接收头，安装在同一面上。在有效的检测距离内，发射头发射特定频率的超声波，遇到检测面反射部分超声波；接收头接收返回的超声波，由芯片记录声波的往返时间，并计算出距离值。超声波雷达可以通过模拟接口和 IIC 接口两种方式将数据传输给控制单元（图 2-2）。

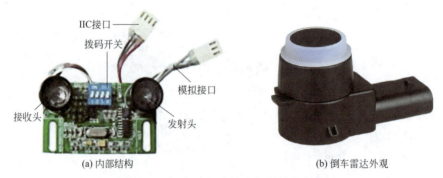

图 2-2　超声波雷达的内部结构与外观

（2）超声波换能器内部结构　　超声波的发射和接收，需要电能 - 机械能之间的能量转换，实现这种转换的装置，即为超声波换能器（图 2-3）。在发射超

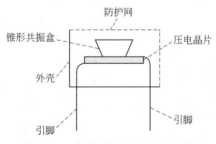

图 2-3　超声波换能器内部结构

声波的时候，它将电能转换为超声振动；而在收到回波的时候，则将超声振动转换成电信号。超声波换能器的特点是能够完成超声波与电信号之间的相互转换，其核心是压电晶体（片）。

压电晶体具有这样的可逆特性（图2-4）：对压电材料施加机械力，在电极间随着力的变化产生电动势；若在电极间施加电压，则压电材料会产生机械位移。

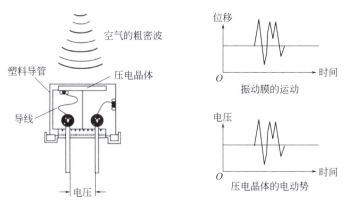

图 2-4　压电晶体及其特性

压电晶片多为圆板形，厚度为 δ，超声波频率 f 与其厚度 δ 成反比。压电晶片的两面镀有银层，作导电的极板。阻尼块（吸收块）的作用是降低晶片的机械品质，吸收声能量（图2-5）。如果没有阻尼块，当激励的电脉冲信号停止时，晶片将会继续振荡，加长超声波的脉冲宽度，使分辨率变差。

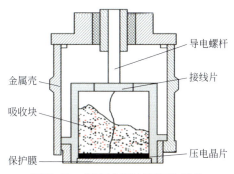

图 2-5　超声波雷达直探头结构

在发射端，对压电晶片施加40kHz的激励脉冲电压，晶片根据所加的高频电压极性不同而伸长或缩短，产生高频振动，发射频率是40kHz的超声波，如图 2-6 所示。

超声波经障碍物反射后被接收器接收，再利用压电材料的压电效应，转换成电荷，经测量转换电路，记录或显示结果。

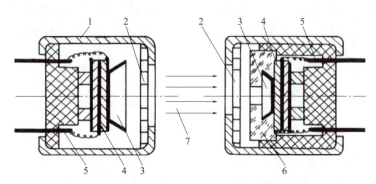

图 2-6　发射端和接收端分体的超声波雷达探头

1—外壳；2—金属丝网罩；3—锥形共振盘；4—压电晶体；5—引脚；6—阻抗匹配器；7—超声波束

（3）超声波雷达的原理　发射头发出的超声波脉冲，经介质（空气）传到障碍物表面，反射后通过介质（空气）传到接收头，测出超声波脉冲从发射到接收所需的时间，根据介质中的声速，求得从探头到障碍物表面的距离（图 2-7）。

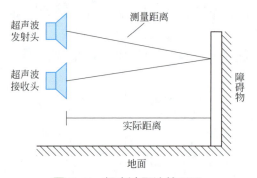

图 2-7　超声波雷达的原理

2.1.3　超声波雷达的技术参数

（1）测量距离　取决于其使用的波长和频率：波长越长，频率越小，测量距离越大。用于测量汽车前后障碍物的短距超声波雷达的测量距离一般为 0.15～2.50m；安装在汽车侧面、用于测量侧方障碍物距离的长距超声波雷达的测量距离一般为 0.30 ～ 5.0m。

（2）测量精度　反映传感器测量值与真实值的偏差。超声波雷达测量精度主要受被测物体体积、表面形状、表面材料等影响。测量精度越高，感知信息越可靠。测量精度要求在 ±10cm 以内。

（3）探测角度　包括水平视场角和垂直视场角（图 2-8）。

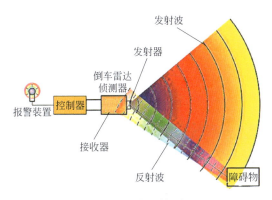

图 2-8　探测角度

（4）工作频率　发射频率要求是（40±2）kHz，这样传感器方向性尖锐，且避开了噪声，提高了信噪比。

（5）工作温度　由于超声波雷达应用广泛，有的应用场景要求温度很高，有的应用场景要求温度很低，因此，超声波雷达必须满足工作温度的要求。工作温度一般要求 -30 ～ +80℃。

博世公司超声波雷达主要技术参数如表 2-1 所示。

表 2-1　博世公司超声波雷达主要技术参数

项目	参数
最小测量距离	0.15m
最大测量距离	5.5m
目标分辨率	3 ～ 15cm
水平视场角	±70°
尺寸	44mm×26mm
质量	14g
额定电流	7mA
防护安全等级	IP64K

2.1.4 超声波雷达的产品与应用

(1)超声波雷达的产品 常见的超声波雷达有两种。第一种是安装在汽车前后保险杠上的,也就是用于测量汽车前后障碍物的倒车雷达,业内称为驻车辅助传感器(UPA);第二种是安装在汽车侧面的,用于测量侧方障碍物距离的超声波雷达,业内称为泊车辅助传感器(APA)。

UPA 和 APA 的探测范围和探测区域都不相同,如图 2-9 所示,图中的汽车配备了前后向共 8 个 UPA,左右侧共 4 个 APA。

UPA 的探测距离一般在 15 ~ 250cm 之间,主要用于测量汽车前后方的障碍物,如图 2-10 所示。

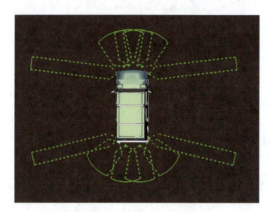

图 2-9 UPA 和 APA

图 2-10 单个 UPA 的探测范围示意

APA 的探测距离一般在 30 ~ 500cm 之间。APA 的探测范围更远,因此相比于 UPA 成本更高,功率也更大,如图 2-11 所示。

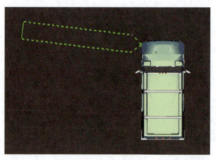

图 2-11 单个 APA 的探测范围示意

（2）超声波雷达的应用　自动泊车辅助系统（图2-12）——SAE L2级。

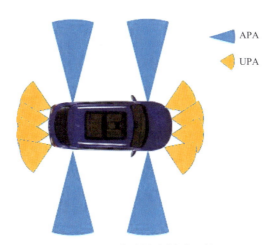

图2-12　自动泊车辅助系统

自动泊车功能的实现需要经历两个阶段：a. 识别库位；b. 倒车入库。识别库位功能依赖安装在车辆侧方的APA，场景如图2-13所示。

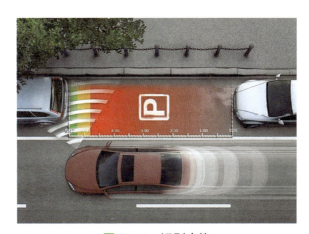

图2-13　识别库位

汽车缓缓驶过库位时，汽车右前方APA返回的探测距离与时间的关系大致如图2-14所示。

将t_1时刻到t_2时刻的车速做积分即可得到库位的近似长度，如果认为汽车近似为匀速行驶，直接用车速乘以(t_2-t_1)即可。当检测到的长度超过车辆泊入所需的最短长度时则认为当前空间有车位。

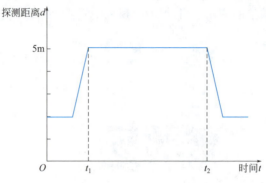

图 2-14 探测距离与时间的关系

同样，后侧向的 APA 也会生成类似信号曲线，用以做库位的二次验证。

2.1.5 超声波雷达的数学模型

虽然 UPA 和 APA 无论在探测距离上还是在探测形状上区别很大，但是它们依然可以用同样的数学模型描述。描述一个超声波雷达的状态需要以下四个参数，其数学模型如图 2-15 所示。

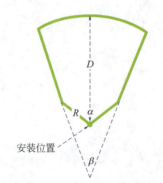

图 2-15 超声波雷达的数学模型

❶ 参数 α 是超声波雷达的探测角。一般 UPA 的探测角为 120° 左右；APA 的探测角比 UPA 小，大概为 80°。

❷ 参数 β 是超声波雷达检测宽度范围的影响因素之一，该角度一般较小。UPA 的 β 角为 20° 左右；APA 的 β 角比较特殊，为 0°。

❸ 参数 R 也是超声波雷达检测宽度范围的影响因素之一。UPA 和 APA 的 R 值差别不大，都在 0.6m 左右。

❹ 参数 D 是超声波雷达的最大量程。UPA 的最大量程为 2～2.5m；APA 的最大量程至少是 5m，目前已有最大量程超过 7m 的 APA 雷达在业内使用。

2.1.6 超声波雷达的特性

特性一：温度敏感。

超声波雷达的测距原理和激光雷达、毫米波雷达类似，即：距离 = 传播速度 × 传播时间 /2。不同的是激光雷达和毫米波雷达的波速都为光速，而超声波雷达的波速跟温度有关。近似关系如下：

$$C = C_0 + 0.607 \times T$$

式中，C_0 为 0℃时的声波速度，即 332m/s；T 为温度，℃。

例如，温度在 0℃时，超声波的传播速度为 332m/s；温度在 30℃时，超声波的传播速度为 350m/s。相对位置相同的障碍物，在不同温度的情况下，测量得到的距离不同。

对于对传感器精度要求极高的自动驾驶系统来说，要么选择将超声波雷达的测距进行保守计算；要么将温度信息引入自动驾驶系统，提升测量精度。

特性二：无法精确描述障碍物位置。

超声波雷达在工作时会返回一个探测距离的值。如图 2-16 所示，处于 A 处和处于 B 处的障碍物都会被返回相同的探测距离 d。所以在仅知道探测距离 d 的情况下，通过单个雷达的信息是无法确定障碍物是在 A 处还是在 B 处的。

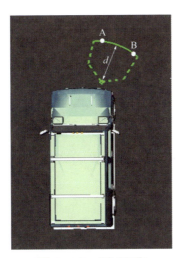

图 2-16 探测距离

2.2 毫米波雷达

2.2.1 毫米波雷达的定义与特点

毫米波是指波长为 1～10mm 的电磁波，对应的频率范围为 30～300GHz。

（1）毫米波雷达的定义 毫米波雷达是工作在毫米波频段的雷达（图 2-17），它通过发射与接收高频电磁波来探测目标，后端信号处理模块利用回波信号计算出目标的距离、速度和角度等信息。

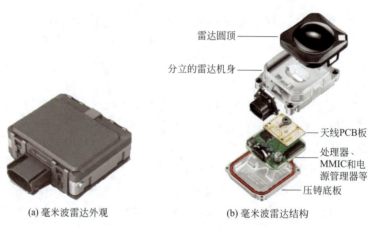

(a) 毫米波雷达外观　　(b) 毫米波雷达结构

图 2-17　毫米波雷达

（2）毫米波雷达的优点

❶ 探测距离远，可超过 200m。

❷ 探测性能好，金属电磁反射强，其探测不受颜色与温度的影响。

❸ 响应速度快，传播速度与光速一样，可以快速地测量出目标的距离、速度和角度等信息。

❹ 适应能力强。毫米波具有很强的穿透能力，在雨、雪、大雾等恶劣天气依然可以正常工作。

❺ 抗干扰能力强。一般工作在高频段，而周围噪声和干扰处于中低频区，基本上不会影响毫米波雷达的正常运行。

（3）毫米波雷达的缺点

❶ 毫米波雷达是利用目标对电磁波的反射来发现并测定目标位置，而充

满杂波的外部环境经常给毫米波雷达感知带来虚警问题。

❷ 覆盖区域呈扇形,有盲点区域。
❸ 无法识别交通标志和交通信号灯。
❹ 无法识别道路标线。

2.2.2 毫米波雷达的组成与原理

(1)毫米波雷达的组成　在工作状态时,发射模块通过天线将电信号(电能)转化为电磁波发出;接收模块接收到射频信号后,将射频电信号转换为低频信号;再由信号处理模块从信号中获取距离、速度和角度等信息(图2-18)。

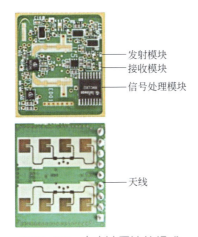

图 2-18　毫米波雷达的组成

(2)毫米波雷达的原理　工作过程如图2-19所示。

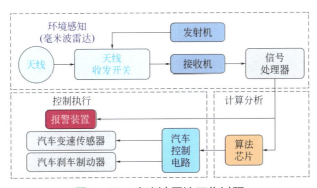

图 2-19　毫米波雷达工作过程

测量原理：多普勒效应，即当目标相对于辐射源发生运动时，目标对回波信号产生调制作用从而使回波信号中心频率发生偏移的现象，如图2-20所示。

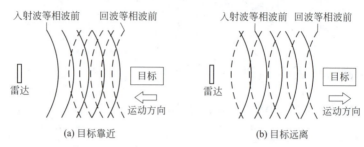

图 2-20　毫米波雷达的测量原理

以车载毫米波雷达为例，雷达收发器通过天线发射毫米波，同时接收反射信号，经MCU处理后可以获取0～250m范围内移动物体的特征信息，如平面内相对汽车的距离、速度、角度、运动方向等。同时，毫米波雷达可以通过上述特征信息进行目标追踪、识别分类等，汽车中央处理单元（ECU）还可以结合车身动态信息进行数据融合，综合超声波雷达、激光雷达、视觉图像等多方面信息做出决策，如告知或警告驾驶员及时对汽车做出主动干预，避免事故发生。

2.2.3　毫米波雷达的技术参数

（1）**最大探测距离**　所能检测目标的最大距离。

（2）**距离分辨率**　在规定条件下，能区分前后两个邻近目标的最小距离间隔。

（3）**距离灵敏度**　单目标的距离变化时，可探测的最小绝对变化距离值。

（4）**距离测量精度**　测量单目标时，目标距离的测量值与其真值之差。

（5）**最大探测速度**　能够探测的目标最大速度。

（6）**速度分辨率**　区分两个同一位置目标的速度的能力。

（7）**速度灵敏度**　单目标的速度变化时，可探测的最小绝对变化速度值。

（8）**速度测量精度**　测量单目标时，目标速度的测量值与其真值之差。

（9）**视场角**　有效识别目标的探测范围，分为水平视场角和垂直视场角。

（10）**角度分辨率**　在规定条件下，能区分左右两个邻近目标的最小角度间隔。

（11）**角度灵敏度**　单目标的角度变化时，可探测的最小绝对变化角度值。

（12）**角度测量精度**　测量单目标时，目标角度的测量值与其真值之差。

（13）识别率　正确识别目标信息的程度。
（14）误检率　将目标识别为一个错误目标的比例。
（15）漏检率　未能识别目标报文的比例。

2.2.4　毫米波雷达的产品与应用

近距离（SRR）毫米波雷达一般探测距离小于 60m。

中距离（MRR）毫米波雷达一般探测距离为 100m 左右。

远距离（LRR）毫米波雷达探测距离一般大于 200m。

划分有 24GHz、60GHz、77GHz 和 79GHz 毫米波雷达。主流可用频段为 24GHz 和 77GHz，后者距离分辨率和精度将会比前者提高约 20 倍，可以更好地探测多个彼此靠近的目标（图 2-21）。

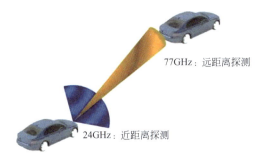

图 2-21　毫米波雷达距离检测

（1）毫米波雷达的产品　如图 2-22、图 2-23、表 2-2 所示。

(a) 毫米波成像雷达 ARS 430　　(b) 77GHz长距雷达 ARS408-21SC3　　(c) 77GHz长距雷达 ARS 404

(d) 77GHz长距雷达 ARS 308　　(e) 24GHz宽角雷达 SRR 308　　(f) 24GHz宽角雷达 SRR 208

图 2-22　德国大陆公司的毫米波雷达系列产品

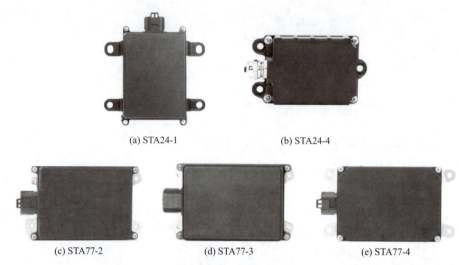

(a) STA24-1　　(b) STA24-4

(c) STA77-2　　(d) STA77-3　　(e) STA77-4

图 2-23　森思泰克公司的毫米波雷达系列产品

表 2-2　毫米波雷达供应商的产品技术参数

公司	毫米波雷达产品	频率/GHz	最大探测距离/m	视场角/(°)
博世	LRR4 远程毫米波雷达	76～77	250	±6(200m)；±10(100m)；±15(30m)；±20(5m)
博世	MMR 中程前向毫米波雷达	76～77	160	±6(160m)；±9(100m)；±10(60m)
博世	MMR 中程后向毫米波雷达	76～77	80	±5(70m)；±75(近距离)
大陆	ARS 441 远程毫米波雷达	76～77	250	±9(250m)；±45(70m)；±75(20m)
大陆	ARS 510 远程毫米波雷达	76～77	200	±4(200m)；±9(120m)；±45(40～70m)
大陆	SRR 520 短程毫米波雷达	76～77	100	±90
大陆	SRR 320 短程毫米波雷达	24	95	±75
海拉	24GHz 毫米波雷达	24	70	±82.5
德尔福	ESP2.5 毫米波雷达	77	175	±10(175m)；±45(60m)
德尔福	MRR 中程毫米波雷达	77	160	±45
德尔福	SRR2 近程毫米波雷达	77	80	±75

（2）毫米波雷达的应用

❶ 自适应巡航控制系统，如图 2-24 所示。

图 2-24　自适应巡航控制系统

❷ 前向碰撞预警系统，如图 2-25 所示。

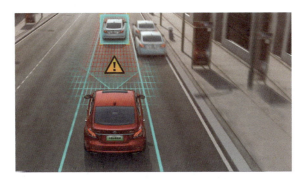

图 2-25　前向碰撞预警系统

❸ 自动紧急制动系统，如图 2-26 所示。

图 2-26　自动紧急制动系统

❹ 盲区监测系统，如图 2-27 所示。

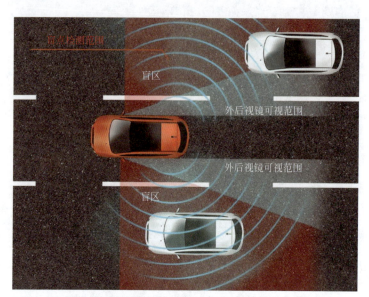

图 2-27　盲区监测系统

❺ 变道辅助系统，如图 2-28 所示。

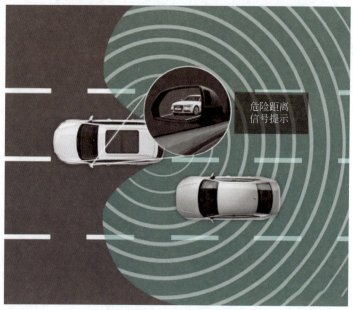

图 2-28　变道辅助系统

❻ 后向碰撞预警系统，如图 2-29 所示。

图 2-29　后向碰撞预警系统

毫米波雷达的应用如表 2-3 所示。

表 2-3　毫米波雷达的应用

	毫米波雷达类型	短程雷达（SRR）	中程雷达（MRR）	远程雷达（LRR）
	工作频段	24GHz	77GHz	77GHz
	探测距离	小于 60m	100m 左右	大于 200m
功能	自适应巡航控制系统		前方	前方
	前向碰撞预警系统		前方	前方
	自动制动辅助系统		前方	前方
	盲区监测系统	侧方	侧方	
	自动泊车辅助系统	前方、后方	侧方	
	变道辅助系统	后方	后方	
	后向碰撞预警系统	后方	后方	
	行人检测系统	前方	前方	
	驻车开门辅助系统	侧方		

2.2.5 毫米波雷达的工作机制

根据辐射电磁波方式不同,毫米波雷达主要有脉冲机制以及连续波机制两种工作机制。其中连续波机制又可以分为 FSK(频移键控)、PSK(相移键控)、CW(恒频连续波)、FMCW(调频连续波)等方式,如表 2-4、表 2-5、图 2-30 所示。

表 2-4 毫米波雷达的工作机制

	脉冲机制 (脉冲多普勒雷达)	连续波机制		
		CW 恒频连续波	FSK 频移键控连续波	FMCW 调频连续波
特点	多用于近距离目标信息测量;技术比较成熟;测量过程简单,测量精度较高	可探测目标速度	可探测移动目标的位置与速度信息;探测时间短,精度高	能同时测出多个目标的距离和速度信息,可对目标连续跟踪,系统敏感性高,错误报警率低;不易受外界电磁噪声的干扰;测量距离远,分辨率高;所需发射功率低;成本较低;信号处理难易程度及实时性可达到系统要求
	当目标距离近时,脉冲收发时间短,需要采用高速信号处理技术,结构要求复杂,成本大幅上升;高分辨率需要占用较大带宽;发射功率限制导致作用距离近	不能测量距离	不能同时测量多个目标	

表 2-5 FMCW 调频连续波分类

零差型 FMCW 调频连续波	LFMCW 线性调频连续波	LFSCW 线性步进调频连续波
相位噪声性能较差,若收发天线共用,还需要一个环行器,使得收发通道的隔离度变差,而且增加了成本	车载毫米波雷达最常用的工作模式。探测精度高,调制方式相对简单,后端处理相对复杂	FMCW 与 FSK 模式联合使用,大大提高探测精度、分辨率;对基准频率源要求苛刻,增加了硬件设计难度,简化了后端基带数字信号处理

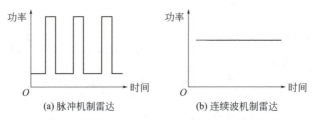

图 2-30 两种机制毫米波雷达电磁波辐射能量简图

FMCW 雷达的不同调制形式有正弦波调制、锯齿波调制和三角波调制。

不同调频方式的雷达硬件构成基本相同，只有小部分电路模块、电路参数与信号处理算法有所区别。对于单个静止物体的测量，锯齿波调制方式即可满足；对于运动物体，多采用三角波调制方式。

2.2.6　3D 与 4D 毫米波雷达解析

（1）3D 雷达　其信号天线只在二维方向上排布，因此其对目标的探测只有二维水平坐标（x，y），没有高度信息（z）；再加上通过多普勒效应探测到的物体速度信息。输出量即为 $X/Y/V$。

目前量产应用的车载毫米波雷达均为 3D 雷达。

（2）4D 雷达　供应商：美国傲酷。

水平与垂直方向上，都布置了天线，因此能够额外实现对物体高度的探测，谓之 4D；输出量为 X、Y、Z 坐标和速度矢量；可以检测不同高度、不同水平面上的运动物体。

4D 雷达研发难点及遇到的问题主要有：

❶ 在有体积要求的毫米波雷达上，垂直与水平方向天线紧密排布会相互产生严重的信号干扰，这需要在长期的经验积累基础上开发的算法予以解决；

❷ 雷达信号接收量大大增加，对模数转换器（ADC）的性能要求将会增加；

❸ 信号处理算法的可靠性、实时性需要保证，传统的毫米波雷达 ECU 可能无法胜任大规模点云的处理；

❹ 数据存储需求将会加大，需要额外添置存储单元。

2.2.7　24GHz 和 77GHz 毫米波雷达对比分析

（1）24GHz 频段　24.0GHz 到 24.25GHz 的频段是窄带（NB），带宽为 250MHz，常用于工业、科学和医学方面。其中，24GHz 频段还包括一个带宽为 5GHz 的超宽带（UWB），如图 2-31 所示。

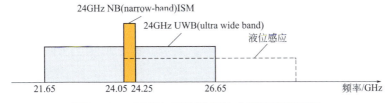

图 2-31　24GHz 毫米波雷达应用频段示意图

在短程雷达中，24GHz 频段的 NB 和 UWB 雷达已经应用于传统的汽车传感器上。通常 NB 雷达可以完成盲点检测等简单应用，但在大多数情况（包括超短距离的情况）下，由于高频分辨率的需求，需要使用 UWB 雷达。但是由于欧洲电信标准化协会（ETSI）和美国联邦通信委员会（FCC）制定的频谱规则和标准，UWB 频段将很快被逐步淘汰。2022 年 1 月 1 日以后，UWB 频段将无法在欧洲和美国使用，只有窄带 ISM 频段可以长期使用。

（2）77GHz 频段　如图 2-32 所示，其中 76～77GHz 频段可用于远程车载雷达，并且该频段有等效同性各向辐射功率（EIRP）的优势，可用于前端远程雷达，例如自适应巡航控制。

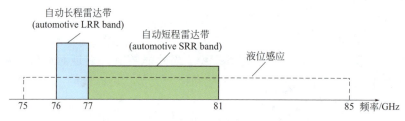

图 2-32　77GHz 毫米波雷达应用频段示意

77～81GHz 短程雷达（SRR）频段是新加入的频段；这个频段最近在全球监管和行业采用情况方面都获得了显著的吸引力。该频段可提供高达 4GHz 的宽扫描带宽，非常适合需要高范围分辨率（HRR）的应用。

车载 24GHz 与 77GHz 毫米波雷达性能对比如下。

❶ 频率不同，24GHz 毫米波雷达的波长大于 10cm，严格来讲属于厘米波雷达；

❷ 相比于 24GHz，77GHz 同时满足高传输功率和宽工作带宽要求，同时满足这两点使其可以同时做到长距离探测和具有高距离分辨率；

❸ 相比于 24GHz，77GHz 在物体分辨率、测速和测距精确度上具有显著优势；

❹ 相比于 24GHz，77GHz 雷达体积更小，其波长不到 24GHz 雷达波长的三分之一，所以收发天线面积大幅减小，整个雷达尺寸有效下降。

2.2.8　毫米波雷达距离分辨率、距离精度和角分辨率解读

（1）距离分辨率（用于两个或者两个以上目标）　在雷达图像中，当两个目标位于同一方位角，但与雷达的距离不同时，二者被雷达区分出来的最小距离

即是距离分辨率。雷达的距离分辨率是由脉冲的宽度决定的,也就是说,可以通过减小脉冲宽度以达到期望的距离分辨率,这需要较大的带宽。

(2)距离精度(用于描述雷达对单个目标距离参数估计的准确度) 即测距精度,它是由回波信号的信噪比 SNR 决定的。

(3)角分辨率[雷达的方位角分辨率一般指方位分辨率(azimuth resolution)] 雷达在角度上区分邻近目标的能力,通常以最小可分辨的角度来度量。雷达的角分辨率取决于雷达的工作波长 λ 和天线口径 L,约为 $\lambda/(2L)$。

例如,方位角分辨率为 1.6° 的意思就是两个物体在空间上需要至少相距 1.6° 才能被雷达在水平角度上区分开来。若两个物体相距小于 1.6°,那么在角度方向上,两物体会重合。

2.2.9 毫米波雷达的标定

(1)测试环境要求 由于毫米波多径效应和目标体效应的影响,需要对毫米波雷达的测试环境做出一定场地设计要求,包括静态测试环境和路测环境两种(图 2-33)。

静态测试是指定毫米波雷达固定在指定位置,在测试台架上完成的测试,主要完成目标特性及雷达基本功能的检测任务,其测试环境分为非干扰测试环境和干扰测试环境。

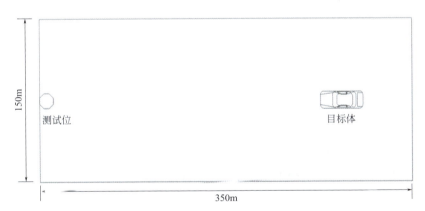

图 2-33 静态测试环境的场地布置

非干扰测试环境要求目标背景干净,应选择空旷环境或在微波暗室内进行(图 2-33):

❶ 根据毫米波雷达的技术指标要求：短距模式FOV±60°，最远作用距离70m；长距模式FOV±9°，最远作用距离250m。

❷ 被测目标背景环境尽量干净，避免金属反射体、建筑体、行人等噪点进入测试环境。

❸ 安装台上雷达的距地面绝对高度控制在0.8～1m范围内。地面平整，无坡度，以砂石、水泥或低矮草地为主。

干扰测试环境是为了模拟车体在运动状态下真实单帧反射特征和在停车状态下目标的前景与背景信息所采用的一种测试手段（图2-34）：

❶ 测试环境可按实际选择。

❷ 安装台上雷达的距地面绝对高度控制在0.8～1m范围内。

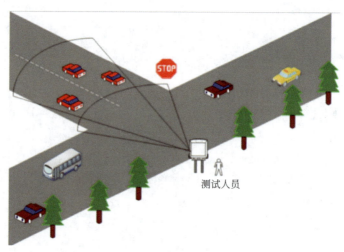

图2-34 静态干扰测试环境的场地布置

路测环境要求充分模拟实车行驶的道路环境：

❶ 模拟动态测试和随机测试的车体运动状态下的雷达回波信息及算法健壮性和功能完善性的测试。

❷ 要求从用户实际使用的角度出发，通过实车路试的方式，在充分考虑各种测试场景的基础上完成检测任务，记录测试信息。

（2）安装校准　首先需要找到雷达安装载体（三脚架或车辆，后同）纵向对称平面（图2-35）。

在毫米波雷达安装时需要确保其水平角、横摆角和俯仰角均小于0.5°。其中水平角和俯仰角可以通过角度尺和重锤等工具进行测量，并通过调整雷达安装机构来满足雷达安装的角度要求（图2-36）。

图 2-35　雷达安装角度示意

α—横摆角；β—俯仰角；γ—水平角

图 2-36　安装雷达调整机构

对于毫米波雷达的横摆角可以通过在安装载体正前方放置小横截面积的金属障碍物并观察毫米波雷达的横向距离，使其尽可能小。

（3）参数校准　在进行毫米波雷达测试之前，首先确保雷达配置信息正确，符合测试要求。

（4）雷达性能测试

测试一：正向最远探测距离（D_{max}）。

测试环境 1：静态非干扰环境（图 2-37）。非干扰测试环境下，可用角散射体模拟目标障碍物。黑色点位为测试目标点，测试指标包括：实测点 X（m）、实测点 Y（m）、实测 RCS（dB）、X 向偏移量（m）、Y 向偏移量（m）。样表如表 2-6 所示。

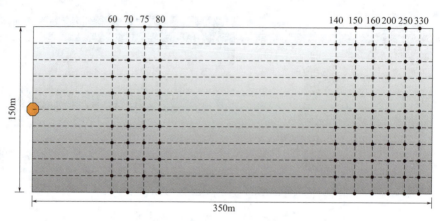

图 2-37　测试环境 1：静态非干扰环境

表 2-6　静态非干扰环境下的正向最远探测距离样表

序号	设计点坐标 X/m	设计点坐标 Y/m	实测点 X/m	实测点 Y/m	实测 RCS/dB	X 向偏移量 /m	Y 向偏移量 /m	可见度
1								
2								
3								

测试环境 2：静态干扰环境（图 2-38）。静态干扰环境是将雷达定点摆放，测试不同类型的车辆进入雷达可视范围的极限位置。要求测试车辆类型包括卡车、轿车、公共汽车等。样表如表 2-7 所示。

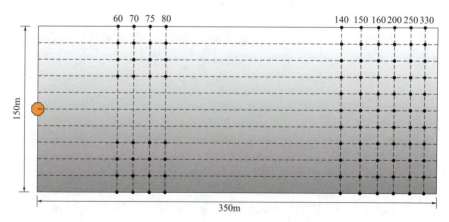

图 2-38　测试环境 2：静态干扰环境

表 2-7　静态干扰环境下的正向最远探测距离样表

序号	目标类型	实测点 X/m	实测点 Y/m	实测 RCS/dB	速度 /(m/s)
1					
2					
3					

测试二：距离精度测量。

测试环境：静态非干扰环境。

被测目标：角散射体（RCS 为 10dB，77GHz）。

测试步骤：非干扰测试环境下，可用角散射体（RCS：1～30dB）模拟目标障碍物，对测试点位进行测试。测得主要目标中心点位置信息如图 2-39 所示，样表如表 2-8 所示。

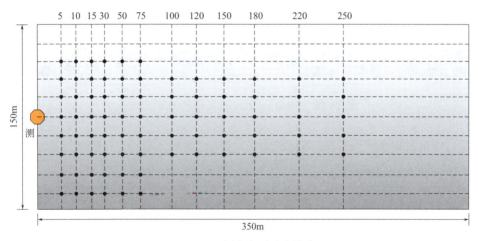

图 2-39　距离精度测试点位布置

表 2-8　静态非干扰环境下的距离精度测试样表

序号	坐标 X/m	坐标 Y/m	实测点 X/m	实测点 Y/m	X 向偏差量 /m	Y 向偏差量 /m	雷达测量体长 /m	雷达测量体宽 /m	实测 RCS/dB
1									
2									
3									

（5）毫米波雷达输出数据分析　以美国 Delphi ESR 毫米波雷达为例，通过 Delphi 公司提供的毫米波雷达专用软件可以输出数据，如图 2-40 所示。

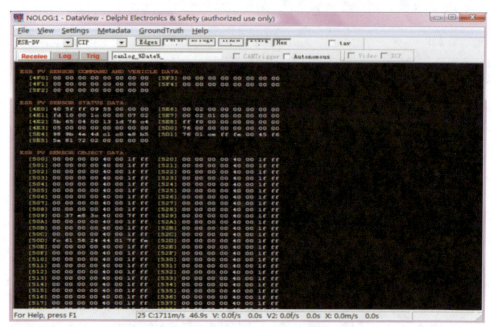

图 2-40　美国 Delphi ESR 毫米波雷达数据

雷达数据格式为 CAN 数据帧格式，如表 2-9 所示。

表 2-9　CAN 数据帧结构

	Bit7	Bit6	Bit5	Bit4	Bit3	Bit2	Bit1	Bit0
Byte0	7	6	5	4	3	2	1	0
Byte1	15	14	13	12	11	10	9	8
Byte2	23	22	21	20	19	18	17	16
Byte3	31	30	29	28	27	26	25	24
Byte4	39	38	37	36	35	34	33	32
Byte5	47	46	45	44	43	42	41	40
Byte6	55	54	53	52	51	50	49	48
Byte7	63	62	61	60	59	58	57	56

CAN 数据发送顺序如表 2-10 所示。雷达输出数据的默认值是 00 00 00 00 00 00 1F FF，地址是 500-53F，共 64 个目标。

工程量数据转换示例：1FFF（H）=8191（D），8191*0.01（Scaling）=81.91m/s。

表 2-10　CAN 数据发送顺序

Byte0								Byte1								...	Byte7							
7	6	5	4	3	2	1	0	15	14	13	12	11	10	9	8	...	63	62	61	60	59	58	57	56

Delphi ESR 毫米波雷达线缆接口有 18 个针脚（表 2-11），目前定义使用了其中 7 个。

专用 CAN 接口 RCAN：用来从车身获取包括车速、方向盘转角、横摆速率等报文，目前 RCAN 只接收报文，不发送报文。

车辆 CAN 接口 RCAN：更多是通过 RCAN 接口来与雷达交换信息；通过 RCAN 设置雷达的工作参数、安装参数；从 RCAN 获取雷达检测到的目标参数，获取雷达工作状态；通过 RCAN 对雷达的固件进行升级。

表 2-11　Delphi ESR 毫米波雷达线缆针脚

针脚数	针脚名称
1	电源 BATT
4	接地 GND
7	VCANL（车辆）
8	VCANH（车辆）
9	PCANL（专用 CAN 接口）
10	IGNITION（点火装置）
18	PCANL（专用 CAN 接口）

2.3　激光雷达

2.3.1　激光雷达的定义与特点

（1）激光雷达的定义　激光雷达是工作在光波频段的雷达，它利用光波频段的电磁波先向目标发射探测信号，然后将其接收到的同波信号与发射信号相比较，从而获得目标的位置（距离、方位和高度）、运动状态（速度、姿态）等信息，实现对目标的探测、跟踪和识别（图2-41）。

图 2-41　激光雷达

（2）激光雷达的特点

❶ 探测范围广：可达 300m 以上。

❷ 分辨率高：距离分辨率可达 0.1m；速度分辨率能达到 10m/s 以内；角度分辨率不低于 0.1rad。

❸ 信息量丰富：探测目标的距离、角度、反射强度、速度等信息，生成目标多维度图像。

❹ 可全天候工作：不依赖于外界条件或目标本身的辐射特性。

与毫米波雷达相比，激光雷达产品体积大，成本高，且不能识别交通标志和交通信号灯。

2.3.2　激光雷达的组成与原理

激光雷达一般由发射模块、接收模块、扫描模块和控制模块四大部分构成。

（1）发射模块　激光器、发射光学系统。

（2）接收模块　接收光学系统、光学滤光装置、光电探测器。

（3）扫描模块　改变激光束的空间投射方向，由电机、微型谐振镜、相控阵等形式实现。

（4）控制模块　完成对激光发射模块、接收模块和扫描模块的控制，以及对激光雷达数据的处理和外界系统的数据传输。

机构式激光雷达的结构如图2-42所示。

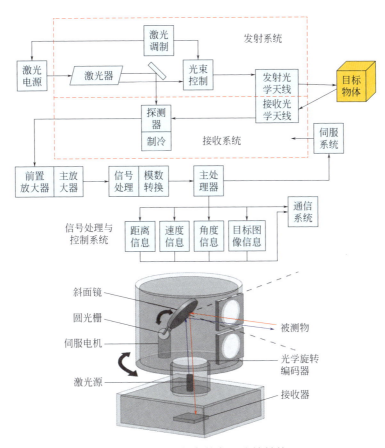

图 2-42　机构式激光雷达的结构

激光雷达工作原理就是蝙蝠测距用的回波时间（time of flight, TOF）测量方法，如图 2-43 所示。空气中光速约为 30 万公里每秒，要区分目标厘米级别的

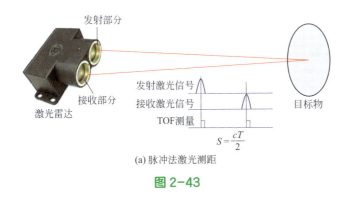

(a) 脉冲法激光测距

$$S = \frac{cT}{2}$$

图 2-43

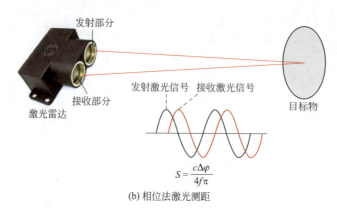

(b) 相位法激光测距

图 2-43　激光雷达的原理

注：c 为光在空气中传播的速度，$c \approx 3 \times 10^8 \text{m/s}$；$T$ 为光脉冲从发射到接收的时间；$\Delta\varphi$ 为发射波和返回波之间的相位差；f 为正弦波频率。

精确距离，则对传输时间测量的分辨率必须做到 1ns。激光雷达通过红外光束（Light Pluses）发射、反射和接收来探测物体。当激光光束遇到物体后，经过漫反射，返回至激光接收器，雷达模块根据发送和接收信号的时间间隔乘以光速，再除以 2，即可计算出发射器与物体的距离，但光束无法探测到被遮挡的物体。

2.3.3　激光雷达的技术参数与类型

（1）技术参数

❶ 最大探测距离。通常需要标注基于某一个反射率下的测得值，例如白色反射体大概有 70% 反射率，黑色物体有 7%～20% 反射率。

❷ 距离分辨率。它是指两个目标物体可区分的最小距离。

❸ 测距精度。它是指对同一目标进行重复测量得到的距离值之间的误差范围。

❹ 测量帧频。测量帧频与摄像头的帧频概念相同，刷新率越高，响应速度越快。

❺ 数据采样率。它是指每秒输出的数据点数，等于帧率乘以单幅图像的点云数目。

❻ 角度分辨率。它是指扫描的角度分辨率，等于视场角除以该方向所采集的点云数目。

❼ 视场角。它又分为垂直视场角和水平视场角，是激光雷达的成像范围。

❽ 波长。波长会影响雷达的环境适应性和对人眼的安全性。

（2）类型

❶ 机械激光雷达。它带有控制激光发射角度的旋转部件。探测距离为 0.3～200m，水平视场角为360°，垂直视场角为-16°～7°，线束1～6相邻两条线之间的垂直角分辨率为1°，线束6～30相邻两条线之间的垂直角分辨率为0.33°，线束30～40相邻两条线之间的垂直角分辨率为1°（图2-44）。

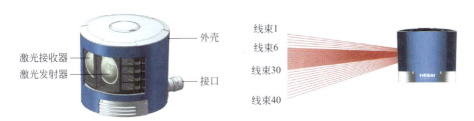

图 2-44　机械激光雷达

❷ 固态激光雷达。它依靠电子部件来控制激光发射角度，不需要机械旋转部件，故尺寸较小，可安装于车体内，如图 2-45 所示。

激光雷达公司 Quanergy 在 2016 年发布的号称全球首款的固态激光雷达 S3，可以达到厘米级精度，30Hz 扫描频率，0.1° 的角分辨率。

图 2-45　固态激光雷达

❸ 混合固态激光雷达。它没有大体积旋转结构，采用固定激光光源，通过内部玻璃片旋转的方式改变激光光束方向，实现多角度检测的需要，并且采用嵌入式安装，如图 2-46 所示。

❹ 单线束激光雷达。2D 数据，只能测量距离。

(a) 32线混合固态UltraPuckAuto　　　　(b) 16线机械式VLP-16

图 2-46　混合固态激光雷达

❺ 多线束激光雷达。它的线束形式有 4 线束、8 线束、16 线束、32 线束、64 线束、128 线束等，其可细分为 2.5D 激光雷达及 3D 激光雷达。2.5D 激光雷达垂直视野范围一般不超过 10°，3D 激光雷达可达到 30°甚至 40°以上。

2.3.4　激光雷达的产品与应用

（1）激光雷达的产品　美国威力登（Velodyne）公司开发的 128 线束激光雷达的探测距离约是 HDL-64E（图 2-47）的 3 倍，达到 300m，分辨率则是 10 倍，尺寸缩小了 70%。该产品是为 L5 级别自动驾驶而开发的。相关雷达主要指标如表 2-12 所示。

图 2-47　美国威力登（Velodyne）公司产品

表 2-12 美国威力登（Velodyne）公司生产的激光雷达主要指标

指标	HDL-64E	HDL-32E	VLP-16
激光束	64	32	16
扫描距离	120m	100m	100m
精度	±2cm	±2cm	±3cm
数据类型	距离/密度	距离/校准发射率	距离/校准发射率
垂直扫描角度	26.8°	40°	30°
水平扫描角度	360°	360°	360°
功率	60W	12W	8W
尺寸	203mm×284mm	86mm×145mm	104mm×72mm
质量	15kg	1kg	0.83kg

速腾聚创 RS-LiDAR 是一款 16 线激光雷达。它采用混合固态的形态，测量距离100m，精度2cm，水平扫描角度360°，垂直扫描角度30°（±15°），实时出点速度 32 万点每秒（图 2-48）。

(a) RS-LiDAR-16激光雷达

(b) RS-LiDAR-32激光雷达

(c) RS-Rudy128线激光雷达

(d) RS-Bpearl扫盲区激光雷达

图 2-48　速腾聚创（robosense）激光雷达的系列产品

（2）激光雷达的应用 少线束激光雷达主要用于智能网联汽车上的 ADAS。奥迪 A8L 安装的 4 线束激光雷达（图 2-49），可用于自适应巡航控制系统、车道偏离预警系统、自动紧急制动系统、交通拥堵辅助系统等。

(a) 激光雷达外观

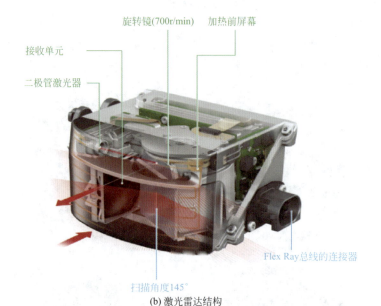

(b) 激光雷达结构

图 2-49　奥迪 A8L 安装的 4 线束激光雷达

多线束激光雷达具有高精度电子地图和定位、障碍物识别、可通行空间检测、障碍物轨迹预测等功能。

L4 级和 L5 级使用多线束激光雷达，360°发射激光，从而达到 360°扫描，获取车辆周围行驶区域的三维点云；通过比较连续感知的点云、物体的差异来检测其运动，由此创建一定范围内的 3D 地图，如图 2-50 所示。

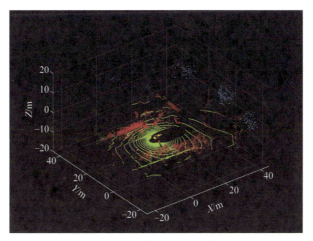

图 2-50　多线束激光雷达应用

❶ 高精度电子地图，如图 2-51 所示。

图 2-51　高精度电子地图

❷ 障碍物检测与识别，如图 2-52 所示。

图 2-52　障碍物检测与识别

❸ 可行空间检测，如图 2-53 所示。

图 2-53　可行空间检测

❹ 精准定位和路径跟踪必须依靠激光雷达和高精度地图等，如图 2-54 所示。

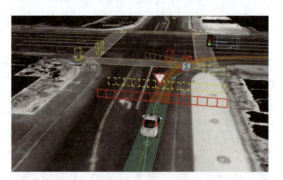

图 2-54　精准定位和路径跟踪

2.3.5　激光雷达感知方案

(1) 激光雷达数据对比

❶ 机械式采样数据。机械式激光雷达在水平方向利用外部旋转部件达到 360°的采样，在垂直方向根据线束的不同，分辨率也不同。较常用的有 16 线激光雷达、32 线激光雷达、64 线激光雷达。Velodyne-16 采集的点云图如图 2-55 所示。

❷ 混合固态采样数据。混合固态激光雷达往往采用多棱镜式，将机械旋转的外部结构轻量化、小型化集成到内部，但是仍然有旋转器件。比如览沃 Livox 激光雷达以采样棱镜振荡的方式进行非重复扫描，视场覆盖率随时间推移而显著提高。如图 2-56 所示，从左往右随着积分时间变长，点密度变大。

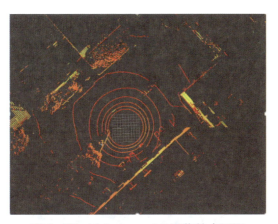

图 2-55　Velodyne-16 采集的点云图

图 2-56　混合固态采样图

图 2-57、图 2-58 为览沃（Livox）不同产品的点云图。

图 2-57 所示是 Horizon 雷达按照 10fps（fps：帧每秒）采样得到的点云，每帧 24000 个点，除去未反射回来的点，有效点云个数在 21000 以上。

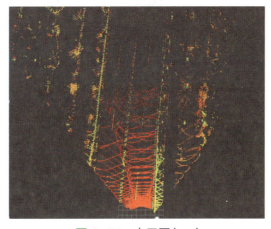

图 2-57　点云图（一）

图 2-58 所示是 MID-70 雷达按照 10fps 采样得到的点云，每帧 10000 个点，除去未反射回来的点，有效点云个数在 7000 以上。因为该产品非重复扫描，所以 100ms 采样的点云连续帧中物体点抖动严重。使用 200ms 的积分时间对感知算法较为稳定。

图 2-58 点云图（二）

❸ 固态激光雷达采样数据。固态激光雷达一般将旋转器件做到芯片中，如 MEMS 方式；或者彻底取代旋转器件，如 OPS 或 FLASH 方式。其采样得到的高分辨率点云图密度很高（图 2-59）。

图 2-59 MEMS 固态激光雷达采样的点云图

（2）机械式雷达感知方案

❶ 低速场景的激光雷达感知方案：

a. 硬件配置（表 2-13）。采用单颗 RS-LiDAR-16 型号的 16 线（或 32 线）

激光雷达，安装在车顶前方；适用于低速近距离 50m 以内的障碍物检测和跟踪。

表 2-13　RS-LiDAR-16 硬件配置

线束	16 线
波长	905nm
激光等级	Class 1
精度	±2cm（典型值）
测量距离	20cm～150m（目标反射率为 20%）
出点数	≈ 300000pts/s[1]
	≈ 600000pts/s
FOV[2]	360°×30°
垂直角分辨率	2.0°
水平角分辨率	0.1°～0.4°（5～20Hz）
转速	300～1200r/min（5～20Hz）
输入电压	9～32V DC
产品功率	9W
防护安全级别	IP67
操作温度	−30～+60℃
规格（高度×直径）	82.7mm×109mm
质量	0.84kg
采集数据	三维空间坐标、反射率

① pts/s，即激光雷达每秒可以扫描的点位数量的单位。

② FOV，指激光雷达能够探测到的视场范围，可以从垂直和水平两个维度以角度来衡量范围大小。

b. 系统方案（图 2-60）。RS-LiDAR-16 的垂直角分辨率是 2°，导致中距离 50m 以外的两根扫描线间隔很大，通常提取不到目标的完整特征，所以仅适合做近处的目标识别和中距离的障碍物检测跟踪。

c. 方案的可行性。该低速方案配备单颗 16 线激光雷达，在车身周围存在 5m 左右的盲区（具体根据安装高度和倾斜角计算）。需配合其他传感器做一定的补充。

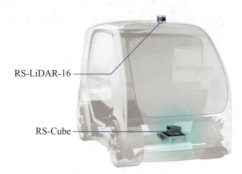

图 2-60 系统方案

❷ 高速场景的激光雷达感知方案（一）：

a. 硬件配置（表 2-14、表 2-15）。采用一颗 RS-LiDAR-32 和两颗 RS-LiDAR-16 的激光雷达做融合，多激光雷达相互补盲，提高点云密度来确保系统冗余性和探测精度。适用于开发地图构建、实时定位、障碍物检测、目标识别、动态物体跟踪等多种功能。

表 2-14 RS-LiDAR-32 硬件配置

线束	16 线
波长	905nm
激光等级	Class 1
精度	±2cm（典型值）
测量距离	20cm～150m（目标反射率为 20%）
出点数	≈ 300000pts/s
	≈ 600000pts/s
FOV	360°×30°
垂直角分辨率	2.0°
水平角分辨率	0.1°～0.4°（5～20Hz）
转速	300～1200r/min（5～20Hz）
输入电压	9～32V DC
产品功率	9W
防护安全级别	IP67
操作温度	−30～+60℃
规格（高度×直径）	82.7mm×109mm
质量	0.84kg
采集数据	三维空间坐标、反射率

表 2-15　RS-LiDAR-16 硬件配置

线束	32 线
波长	905nm
激光等级	Class 1
精度	±3cm（典型值）
测量距离	40cm～200m（目标反射率为 20%）
出点数	≈ 600000pts/s ≈ 1200000pts/s
FOV	360°×40°
垂直角分辨率	最小 0.33°
水平角分辨率	0.1°～0.4°（5～20Hz）
转速	300～1200r/min（5～20Hz）
输入电压	9～32V DC
产品功率	9W
防护安全级别	IP67
操作温度	−30～+60℃
规格（高度×直径）	82.7mm×109mm
质量	1.17kg
采集数据	三维空间坐标、反射率

b. 系统方案。该方案将一颗32线激光雷达水平（略向下倾斜5°）安装于车顶用于中距离的感知，同时在左右两侧分别倾斜安装一颗16线激光雷达用于车身近处的补盲（图 2-61）。

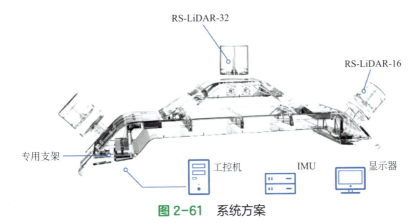

图 2-61　系统方案

c. 方案的可行性。该方案较好地解决了贴近车身侧面的视野盲区问题,并且车顶的那颗 32 线激光雷达水平向下倾斜 5°用于减小车前方盲区范围。虽然车前后仍有少量视野无法覆盖,但是可用跟踪算法做一定的弥补(图 2-62)。

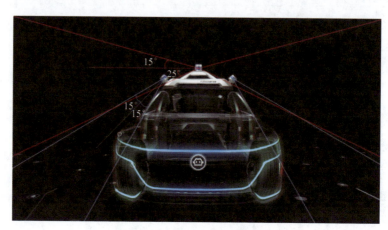

图 2-62　激光雷达覆盖面积

❸ 高速场景的激光雷达感知方案(二):

a. 硬件配置(表 2-16、表 2-17)。采用了一颗 RS-Ruby 和四颗 RS-BPearl 激光雷达做融合,进行全方位无死角覆盖。RS-Ruby 是 128 线雷达,可提供高分辨率的点云,测量距离可达到 200m,可以在高速场景检测到远距离目标;RS-BPearl 是短距离补盲雷达,垂直 FOV 高达 90°。

表 2-16　RS-Ruby 硬件配置

线束	128 线
波长	905nm
激光等级	Class 1
精度	±3cm(典型值)
测量距离	200m(目标反射率为 10%)
最小分辨率	0.1°
盲区	< 0.4m
垂直视场角	−25°～+15°
水平视场角	360°
出点数	2304000pts/s(单回波)
转速	600r/min 或 1200 r/min(10Hz 或 20Hz)

续表

工作电压	9～32V DC
数据接口	1000Mbps 以太网
防护安全级别	IP67
操作温度	−40～+60℃
储存温度	−40～+85℃

表 2-17　RS-BPearl 硬件配置

波长	905nm
激光等级	Class 1
精度	±3cm（典型值）
测量距离	30m（目标反射率为 10%）
盲区	＜0.1m
垂直视场角	90°
水平视场角	360°
出点数	576000pts/s（单回波） 1152000pts/s（双回波）
转速	600r/min 或 1200r/min（10Hz 或 20Hz）
工作电压	9～32V DC
数据接口	100Mbps 以太网
防护安全级别	IP67
操作温度	−40～+60℃
储存温度	−40～+85℃

　　b. 系统方案。该方案将一颗 RS-Ruby 安装在车顶，用于 360°中远距离的感知；在车身周围分别安装四颗 RS-BPearl，利用其超广的视场角覆盖近距离盲区（图 2-63）。

　　c. 方案的可行性。该方案采用高线束雷达 + 补盲雷达，较好地解决了高速场景远距离障碍物点云稀疏以及近距离视野盲区的问题。缺点是贵。

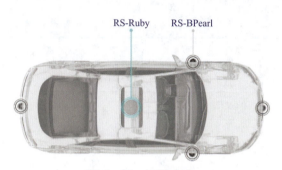

图 2-63 系统方案

(3) 混合固态雷达感知方案

❶ 低速场景的激光雷达感知方案（一）：

a. 硬件配置（表 2-18）。Horizon 是一款具有类似矩形视场角，FOV 等于 81.7°×25.1°，采用横向扫描方式的激光雷达。搭载五颗 Horizon 可实现 360° 全视场覆盖。可用于障碍物检测、识别、跟踪、建图、定位等功能。

表 2-18 Horizon 硬件配置

波长	905nm
激光等级	Class 1
距离精度	＜2cm
角度精度	＜0.05°
测量距离	90m（目标反射率为 10%） 130m（目标反射率为 20%） 260m（目标反射率为 80%）
视场覆盖率	60%（0.1s） 98%（0.5s）
垂直视场角	25.1°
水平视场角	81.7°
光束发散度①	0.28°×0.03°
工作电压	10～15V
防护安全级别	IP67
操作温度	-40～+60℃

① 表 2-18～表 2-20 中"光束发散度"所对应的右侧数据含义为：光束发散角度（竖直）×光束发散角度（水平）。

b. 系统方案。该方案在车头左中右三处分别安装一颗Horizon,用于感知左侧、前方、右侧的环境信息,在车尾左右两处分别安装一颗Horizon用于感知左后方和右后方的环境信息(图2-64)。

图2-64 系统方案

通过使用五颗水平视场角为81.7°的激光雷达,达到360°全覆盖(图2-65)。

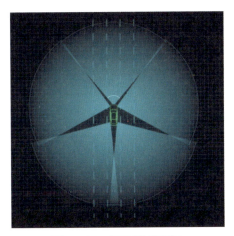

图2-65 五颗激光雷达

c. 方案的可行性。该方案从视场覆盖率角度确实达到了360°,但是车身左右两侧仍然存在小块盲区,当然,这部分可以通过跟踪算法弥补掉。由于Horizon的有效检测范围在80m以内,所以只适合做中低速的感知方案。

❷ 低速场景的激光雷达感知方案(二):

a. 硬件配置(表2-19)。MID-70是一款圆形视场角在水平和垂直方向上均可达70.4°,近处盲区大幅度降至5cm的激光雷达。更大视场角和更小盲区帮助机器人更全面探测周遭环境,及时避开细小障碍物,适用于物流车、机器人等低速场景。

表 2-19 MID-70 硬件配置

波长	905nm
激光等级	Class 1
距离精度	2cm
角度精度	＜ 0.1°
测量距离	90m（目标反射率为 10%） 130m（目标反射率为 20%） 260m（目标反射率为 80%）
视场覆盖率	10%（0.1s） 43%（0.5s） 70%（1s）
垂直视场角	70.4°
水平视场角	70.4°
光束发散度	0.28° × 0.03°
工作电压	10～15V
防护安全级别	IP67
操作温度	−40～+65℃

b. 系统方案。该方案在车辆正前方和车尾左右两边分别安装一颗 MID-70 用于前方和侧向补盲（图 2-66），由于 MID-70 的有效检测距离较短，如需增强前向环境感知能力，可在车前方左右两侧分别安装一颗 Horizon 用于中距离感知（图 2-67）。

图 2-66 使用三台 MID-70 的前向与侧向补盲方案

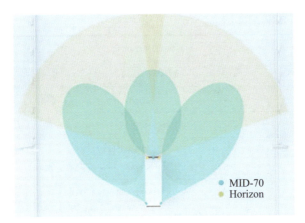

图 2-67 使用两台 Horizon 的增强型前向与侧向补盲方案

c. 方案的可行性。该方案采用具有圆形视场角的 MID-70 补偿了贴近车身的盲区，尤其是增强型方案配合 Horizon 的中距离探测，较好地提供中低速场景的环境感知能力；唯一缺陷就是后向无法探测来车情况，如遇转弯、变道等情况则较难应对。

❸ 高速场景的激光雷达感知方案：

a. 硬件配置。Livox 有一款专为远距离、高精度探测打造，可感知 500m 外障碍物，且体积小巧、可靠性强的激光雷达，即 Tele-15，如图 2-68 所示。它可在高速行驶中为车辆带来更充裕的响应时间，保障安全。

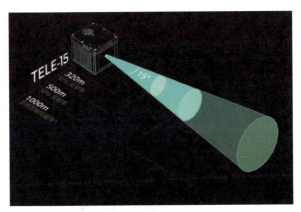

图 2-68 激光雷达 Tele-15

虽然 Tele-15 的探测距离很远，但是其视场角只有 14.5°（水平）× 16.2°（垂直），所以在高速场景中往往与 Horizon 配合使用。产品属性如表 2-20 所示。

表 2-20　Tele-15 硬件配置

波长	905nm
激光等级	Class 1
距离精度	2cm
角度精度	＜ 0.03°
测量距离	320m（目标反射率为 10%） 500m（目标反射率为 50%）
视场覆盖率	99.8%（0.1s）
垂直视场角	16.1°
水平视场角	14.5°
光束发散度	0.12°　× 0.02°
工作电压	10 ～ 15V
防护安全级别	IP67
操作温度	−40 ～ +85℃

b. 系统方案。高速场景的感知通常都有对后向来车的探测需求，需要有 360°全方位的覆盖，对此我们可以在上述低速感知方案（一）的基础上采用五颗 Horizon+ 一颗 Tele-15 的方式来实现，将 Tele-15 安装在车顶前方用于探测远距离障碍物，如图 2-69 所示。

c. 方案的可行性。该方案基本满足了远、中、近不同区域的探测需求，但是 Livox 积分采样在高速场景下存在目标拖影的问题，即使有 100ms 的积分时间，高速运动的小汽车也可能在一帧数据中被拉伸成一辆小型卡车，不同速度造成的物体形变是否可能通过 DNN 算法来泛化特征值得考量。

图 2-69　系统方案

2.3.6 激光雷达的标定

本节以我国深圳速腾聚创科技有限公司 RS-LiDAR-16 的 16 线激光雷达为例。

(1)使用过程

❶ 连接 RS-LiDAR-16 设备。

安装、连接设备时应注意：用于固定激光雷达的安装底座建议尽可能平整，不要出现凹凸不平的现象。安装底座上的定位柱应严格遵循激光雷达底部定位柱的深度，定位柱的高度不能高于 4mm。安装底座的材质建议使用铝合金材质，有助于激光雷达的散热。

激光雷达固定安装的时候，建议倾斜角度不超过 90°，倾斜角度过大会对激光雷达的寿命造成影响。激光雷达安装走线的时候，不要将雷达上面的线拉得太紧绷，需要使线缆具有一定的松弛。

RS-LiDAR-16 激光雷达中，从主机下壳体侧面引出的缆线（电源/数据线）的另一端使用了标准的 SH1.25 接线端子（图 2-70）。

用户使用 RS-LiDAR-16 可将 SH1.25 端子插入 Interface BOX 中对应的位置（图 2-71）。

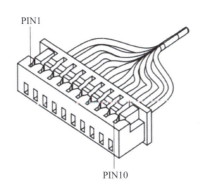

图 2-70　RS-LiDAR-16 接线端子

❷ 解析数据包获得旋转角、测距信息，以及校准反射率。

通过激光雷达电气线路的数据包解析，可以获得旋转角、测距信息，以及校准反射率。RS-LiDAR-16 与电脑之间的通信采用以太网介质，使用 UDP 协议，输出包有两种类型：MSOP 包、DIFOP 包。

UDP 的协议包均为 1290byte 定长，其中 1248byte 为有效载荷，其余 42byte 为 UDP 封包开支。

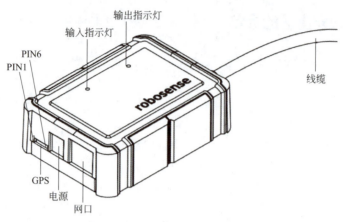

图 2-71　Interface BOX 接口

出厂默认网络配置如表 2-21 所示。

表 2-21　出厂默认网络配置表

项目	IP 地址	MSOP 包端口号	DIFOP 包端口号
RS-LiDAR-16	192.168.1.200	6699	7788
电脑	192.168.1.102		

使用设备的时候，需要把电脑的 IP 设置为与设备在同一网段上，例如 192.168.1.x，子网掩码为 255.255.255.0。

RS-LiDAR-16 和电脑之间的通信协议主要分三类（表 2-22）：

a. 主数据流输出协议（MSOP），将激光雷达扫描出来的距离、角度、反射率等信息封装成包输出给电脑；

b. 设备信息输出协议（DIFOP），将激光雷达当前状态的各种配置信息输出给电脑；

c. 用户权限写入协议（UCWP），允许用户根据自己的需求，重新修改激光雷达的某些配置参数。

表 2-22　三类通信协议

（协议/包）名称	简写	功能	类型	包大小	发送间隔
Main data Stream Output Protocol	MSOP	扫描数据输出	UDP	1248byte	约 1.2ms
Device Information Output Protocol	DIFOP	设备信息输出	UDP	1248byte	约 100ms
User Configuration Write Protocol	UCWP	配置设备参数输入	UDP	1248byte	INF

主数据流输出协议 MSOP（Main data Stream Output Protocol）：

a. 默认端口号为 6699。

b. MSOP 包完成三维测量相关数据输出，包括激光测距值、回波的反射率值、水平旋转角度值和时间戳。

c. MSOP 包有效载荷长度为 1248byte，其中包括 42byte 的同步帧头（Header）、1200byte 的数据块区间 [共 12 个 100byte 的数据块（Data block）]，以及 6byte 的帧尾（Tail）（图 2-72）。

图 2-72　主数据流输出协议 MSOP

d. 帧头（Header）共 42byte，用于识别数据的开始位置。其中有 8byte 用于数据包头的检测，21～30byte 用于存储时间戳，第 31byte 用于表示激光雷达的型号，其余作预留处理。

e. 数据块区间是 MSOP 包中传感器的测量值部分，共 1200byte。它由 12 个 Data block 组成，每个长度为 100byte，代表一组完整的测距数据。

Data block 中 100byte 的空间包括：2byte 的标志位，使用 0xffee 表示；2byte 的 Azimuth，表示水平旋转角度信息，每个角度信息对应着 32 个 channel data，包含 2 组完整的 16 通道信息。

f. 角度值定义：在每个 Block 中，RS-LiDAR-16 输出的水平角度值是该 Block 中第一个通道激光测距时的角度值。角度值来源于角度编码器，角度编码器的零位即角度的零点，水平旋转角度值的分辨率为 0.01°。每个 Data block 区域有 32 组 channel data，对应两次 16 线测距信息，而每个 Data block 只有一个水平旋转角度值。

g. channel data 是 3byte，高两字节用于表示距离信息，低一字节用于表示反射率信息。Distance 是 2byte，单位为 cm，分辨率是 1cm。

Data block 区数据展示如图 2-73 所示。

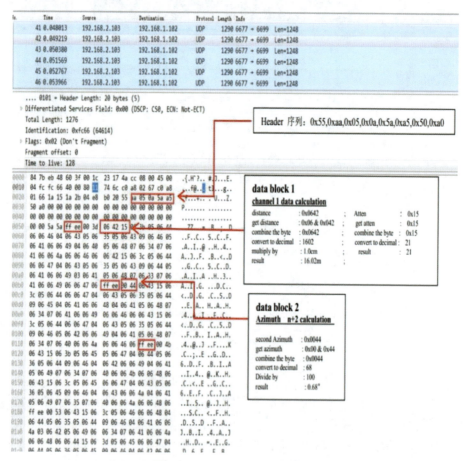

图 2-73　Data block 区数据

❸ 依据雷达的旋转角、测距以及垂直角度计算 x、y、z 坐标值。

由于雷达封装的数据包仅为水平旋转角度和距离参量，为了呈现三维点云的效果，将极坐标下的角度和距离信息转化为笛卡尔坐标系下的 x、y、z 坐标（图 2-74）。

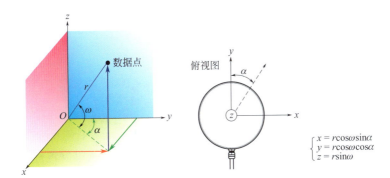

图 2-74　依据测距以及垂直角度计算 x、y、z 坐标值

❹ 根据需求存储数据。

a. 对于从 RS-LiDAR-16 得到的原始数据，速腾聚创公司提供了数据可视化软件 RSView。

b. RSView 能回放保存为 pcap 文件格式的数据。

c. RSView 将测得的距离测量值显示为一个点。

d. 它能够支持多种自定义颜色来显示数据，例如反射率、时间、距离、水平角度和激光线束序号。

e. 所显示的数据能够导出保存为 CSV 格式。

f. RSView 目前不支持导出 LAS、XYZ 或者 PLY 格式文件。

❺ 通过 RSView 软件可读取设备当前状态配置信息。

❻ 可根据需求重新配置以太网、时间、转速信息。

（2）激光雷达标定　激光雷达与车体为刚性连接，两者间的相对姿态和位移固定不变，为了建立各个激光雷达之间的相对坐标关系，需要对激光雷达的安装进行简单的标定，并使激光雷达数据从激光雷达坐标系转换至车体坐标上。

❶ 激光雷达标定的目的是求解激光雷达测量坐标系相对于其他测量坐标系的相对变换关系，以便获取障碍物相对本车的距离、速度、角度等信息。

❷ 以单线激光雷达为例，选定车体坐标 x 轴为激光雷达扫描角度为零时车体的指向，z 轴指向车体上方，x、y、z 轴构成右手系，激光雷达所有的扫描点在同一个几何平面 S 上，将扫描点 P 投影到坐标面和坐标轴（图 2-75）。

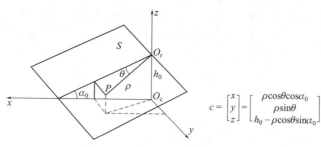

图 2-75 单线激光雷达模型

（扫描点 P 在车体坐标系中的坐标：ρ 为扫描点到激光雷达的距离；
θ 为扫描角度；α_0 为安装俯角；h_0 为安装高度）

（3）激光雷达测试　在车载激光雷达的评测中，需要针对测试指标构建车用激光雷达测试场景，建立标定场、控制点和检测点，通过设置标靶，结合已有的高精度、高置信度测试仪器进行激光雷达标定，通过控制点进行测评指标精度分析，结合检测点进行指标精度对比分析，最后形成指标参数精度的置信描述。比较重要的激光雷达测评参数包括：

❶ 最大测距，为最初看到采样目标时的距离。
❷ 检测距离，为检测到有效目标时的距离。
❸ 分类距离，为能够将车辆等目标与其他物体分离出来的距离。
❹ 最佳分类距离，为能够将目标的形状识别出来的最佳距离。

2.4 视觉传感器

2.4.1 视觉传感器的定义与特点

（1）视觉传感器的定义　视觉传感器是指通过对摄像头拍摄到的图像进行图像处理，对目标进行检测，并输出数据和判断结果的传感器，如图 2-76 所示。视觉传感器在智能网联汽车或无人驾驶汽车上的应用是以摄像头（机）形式出现，并搭载先进的人工智能算法，便于目标检测和图像处理。

（2）视觉传感器的特点
❶ 信息量极为丰富：不仅包含视野内物体的距离信息，而且有该物体的颜色、纹理、深度和形状等信息。

图 2-76 视觉传感器

❷ 多任务检测：在视野范围内可同时实现道路检测、车辆检测、行人检测、交通标志检测、交通信号灯检测等。

❸ 视觉 SLAM（即时定位与地图构建）：通过摄像头可以实现同时定位和建图。

❹ 实时获取场景信息：提供的信息不依赖于先验知识（比如 GPS 导航依赖地图信息），有较强的适应环境的能力。

❺ 与机器学习、深度学习等人工智能技术加快融合。

2.4.2 视觉传感器的组成与原理

（1）视觉传感器的组成 如图 2-77 所示，视觉传感器主要由光源、镜头、图像传感器、模数转换器、图像处理器、图像存储器等组成，其主要功能是获取足够的机器视觉系统要处理的原始图像。

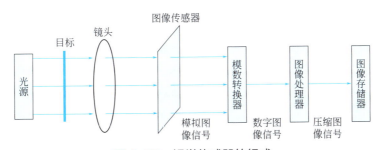

图 2-77 视觉传感器的组成

（2）视觉传感器的原理 图像传感器的作用是将镜头所成的图像转变为数字或模拟信号输出，是视觉检测的核心部件，如图 2-78 所示。CCD 是"电荷耦合器件"的英文简称；CMOS 是"互补金属氧化物半导体"的英文简称。

 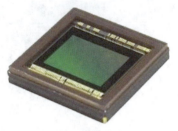

(a) CCD图像传感器　　(b) CMOS图像传感器

图 2-78　图像传感器

❶ CCD 成像原理。CCD 成像原理是当光线与图像从镜头透过并投射到 CCD 表面时，CCD 就会产生电流，将感应到的内容转换成数码资料储存起来。CCD 像素数目越多，单一像素尺寸越大，收集到的图像就会越清晰。

❷ CMOS 成像原理。CMOS 成像原理是利用硅和锗这两种元素所做成的半导体，使其在 CMOS 上共存着带负电的 N 型和带正电的 P 型半导体，这两个互补效应所产生的电流即可被处理芯片记录和解读成影像。

CCD 与 CMOS 的主要差异：CCD 传感器中每一行中每一个像素的电荷数据都会依次传送到下一个像素中，由最底端部分输出，再经由传感器边缘的放大器进行放大输出；而在 CMOS 传感器中，每个像素都会邻接一个放大器及 A/D 转换电路，用类似内存电路的方式将数据输出。造成这种差异的原因在于：CCD 的特殊工艺可保证数据在传送时不会失真，因此各个像素的数据可汇聚至边缘再进行放大处理；而 CMOS 工艺的数据在传送距离较长时会产生噪声，因此，必须先放大再整合各个像素的数据。

相比于 CCD，虽然 CMOS 成像质量不是很出色，但是 CMOS 因为耗电低（仅为 CCD 芯片的 1/10 左右）、体积小、重量轻、集成度高、价格低，迅速得到各大厂商的青睐，目前除了专业摄像机，大部分带有摄像头的设备使用的都是 CMOS。

视觉传感器在智能网联汽车中解决的问题可以分为两类：物体的识别与跟踪、车辆本身的定位。

❶ 物体的识别与跟踪。通过机器学习的方法，智能网联汽车可以识别在行驶途中遇到的物体，比如行人、车辆、交通信号、交通标志、车道线、道路边界和自由行驶空间等。如图 2-79 所示，图中不同颜色矩形框框出来的内容即为视觉传感器感知的对象。

如图 2-80 所示，一般来说，计算机识别的过程主要包括：图像输入、预处理（如平滑滤波、二值化、灰度转化等）、特征提取（如形状特征、阴影特征

图 2-79 视觉传感器检测效果图

图像输入 → 预处理 → 特征提取 → 特征分类 → 模板匹配 → 完全识别

图 2-80 视觉传感器识别流程

等)、特征分类、模板匹配和完全识别等。

❷ 车辆本身的定位。智能网联汽车基于视觉技术用于车辆本身的定位时,主要采用视觉 SLAM 技术,根据提前建好的地图和实时的感知结果做匹配,获取智能网联汽车的当前位置。视觉 SLAM 系统可分为五个模块:传感器数据、视觉里程计、后端、建图、回环检测。

2.4.3 视觉传感器的技术参数

(1)图像传感器技术参数

❶ 像素。像素是图像传感器感光的最小单位,即构成影像的最小单位。像素的多少是由 CCD/CMOS 上的光敏元件数目所决定的,一个光敏元件就对应一个像素。因此像素越大,意味着光敏元件越多,相应的成本就越高。像素用两个数字来表示,如 720×480,720 表示在图像长度方向上所含的像素点数,480 表示在图像宽度方向上所含的像素点数,二者的乘积就是该相机的像素数。

❷ 帧率。帧率代表单位时间内所记录或播放的图片的数量。高帧率时可以得到更流畅、更逼真的视觉体验。

❸ 靶面尺寸。就是图像传感器感光部分的大小,单位一般为英寸(in)[①]。通常这个数据指的是这个图像传感器的对角线长度,如常见的有 1/3 英寸。靶面越大,意味着通光量越好,而靶面越小则比较容易获得更大的景深。

❹ 感光度。代表入射光线的强弱。感光度越高,感光面对光的敏感度就

---

① 1in=25.4mm。

越强，快门速度就越高。

❺ 信噪比。是信号电压与噪声电压的比值，典型值为 45～55dB。信噪比越大说明对噪声的控制越好。

（2）相机内部参数　主要有焦距、光学中心、图像尺寸和畸变系数等（图 2-81、图 2-82）。

❶ 焦距有可变焦距和不可变焦距，单位一般用 mm。

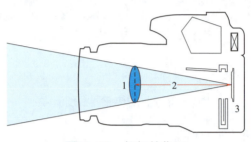

图 2-81　相机的焦距

1—光学中心；2—焦距；3—图像传感器

❷ 光学中心（光心）。相机的镜头是由多个镜片构成的复杂光学系统，光学系统在功能上等价于一个薄透镜，实际上薄透镜是不存在的。光学中心是这一等价透镜的中心。不同结构的镜头，其光学中心位置也不一样，大部分在镜头内的某一位置，但也有在镜头前方或镜头后方的。

❸ 图像尺寸是指构成图像的长度和宽度，可以像素为单位，也可以 cm 为单位。

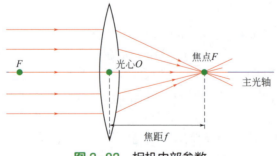

图 2-82　相机内部参数

❹ 畸变系数分为径向畸变系数和切向畸变系数。

径向畸变发生在相机坐标系转向物理坐标系的过程中；径向畸变主要包括枕形畸变和桶形畸变两种，如图 2-83 所示。

图 2-83 径向畸变 (a) 正常图像 (b) 枕形畸变 (c) 桶形畸变

切向畸变产生的原因是透镜不完全平行于图像（图 2-84）。

图 2-84 切向畸变

（3）相机外部参数　相机的外部参数是指相机的安装位置，即相机离地高度以及相机相对于车辆坐标系的旋转角度。离地高度是指从地面到相机焦点的垂直高度；相机相对于车辆坐标系的旋转角度有俯仰角、偏航角和横滚角。外部参数可以通过棋盘格标定获得。

2.4.4 视觉传感器的产品与应用

（1）视觉传感器的产品　视觉传感器有单目、双目、三目、环视四种类型。

❶ 单目视觉传感器（图 2-85）。单目视觉传感器模块只包含一个摄像机和一个镜头。由于很多图像算法的研究都是基于单目视觉传感器开发的，因此相对于其他类别的车载视觉传感器，单目车载视觉传感器的算法成熟度更高。

单目视觉传感器有两个先天的缺陷：

一是它的视野完全取决于镜头。焦距短的镜头，视野广，但缺失远处的信息；反之亦然。

二是单目测距的精度较低。摄像机的成像图是透视图,即越远的物体成像越小。近处的物体,需要用几百甚至上千个像素点描述;而处于远处的同一物体,可能只需要几个像素点即可描述出来。这种特性会导致越远的地方,一个像素点代表的距离越大。因此,对于单目视觉来说,物体越远,测距的精度越低。

图 2-85　单目视觉传感器

❷ 双目视觉传感器(图 2-86)。由于单目测距存在缺陷,双目视觉传感器应运而生。双目视觉传感器模块包含两个摄像机和两个镜头。相近的两个摄像机拍摄物体时,会得到同一物体在相机成像平面的像素偏移量。有了像素偏移量、相机焦距和两个车载视觉传感器的实际距离这些信息,根据数学换算即可得到物体的距离。

图 2-86　双目视觉传感器

将双目测距原理应用在图像上每一个像素点时,即可得到图像的深度信息。深度信息的加入,不仅能便于障碍物的分类,更能提高高精度地图定位匹配的精度。

与单目系统相比,双目系统的特点如下:一是成本比单目系统要高,但尚处于可接受范围内,并且与激光雷达等方案相比成本较低;二是没有识别率的限制,因为从原理上无须先进行识别再进行测算,而是对所有障碍物直接进行测量;三是精度比单目系统高,直接利用视差计算距离。双目系统的一个难点在于计算量非常大,对计算单元的性能要求非常高。

❸ 三目视觉传感器。由于单目和双目都存在某些缺陷，因此，很多智能网联汽车采用了三目视觉传感器方案。三目视觉传感器是三个不同焦距的单目车载视觉传感器的组合（图2-87）。

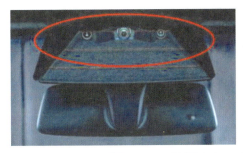

图 2-87　特斯拉 AutoPilot 2.0 三目视觉传感器

图 2-87 为特斯拉 AutoPilot 2.0 系统中安装在风窗玻璃下方的三目视觉传感器，分别为25°视场、50°视场、150°视场。其中，25°视场用于检测前车道线、交通灯，50°视场负责一般的道路状况监测，150°视场用于检测平行车道道路状况以及行人和非机动车行驶的状况。

对车载视觉传感器来说，感知的范围要么损失视野，要么损失距离。三目车载视觉传感器能较好地弥补感知范围的问题。三目摄像头的缺点是需要同时标定三个车载视觉传感器，因而工作量更大一些。此外，软件部分需要关联三个车载视觉传感器的数据，对算法要求也很高。

❹ 环视视觉传感器。上文提到的三款视觉传感器所用的镜头都是非鱼眼的，而环视视觉传感器的镜头是鱼眼镜头，而且安装位置是朝向地面的。某些高配车型上会有"360°全景显示"功能，所用到的就是环视摄像机。

安装于车辆前方、车辆左右后视镜下和车辆后方的四个鱼眼镜头采集到的图像与图 2-88 类似。鱼眼摄像机获取足够大的视野的代价是图像的畸变严重。

图 2-88

图 2-88　鱼眼镜头采集的图像

通过标定值，进行图像的投影变换，可将图像还原成俯视图的样子。然后对四个方向的图像进行拼接，再在四幅图像的中间放上一张车的俯视图，即可实现从车顶往下看的效果，如图 2-89 所示。环视视觉传感器的感知范围并不大，主要用于车身 5～10m 内的障碍物检测、自主泊车时的库位线识别等。

图 2-89　车载视觉传感器环视效果图

❺ 红外夜视视觉传感器。夜间可见光成像的信噪比较低，从而导致视觉传感器夜间成像效果不佳，而红外夜视系统可以弥补光照不足条件下的视觉传感器的缺点。红外夜视系统可分为主动夜视和被动夜视两种类型，如表 2-23 所示。

表 2-23　红外夜视视觉传感器的类型

主动夜视系统	被动夜视系统
是利用近红外光作光源（如红外 LED、红外灯和近红外激光器等）照明目标，用低照度摄像机或微光摄像机接收目标反射的红外光，转换成视频信号在监视器荧光屏上同步显示图像	有两种类型。一类是利用月光、星回光、夜天光等一切很微弱的自然光线，加以放大增强达到可视的目的，这类夜视仪也称为微光夜视仪。另一类是利用远红外敏感的探测器探测目标本身的热辐射，这类夜视仪也称为热像仪

红外夜视系统基于红外热成像原理，通过能够透过红外辐射的红外光学系统，将视场内景物的红外辐射聚焦到红外探测器上，红外探测器再将强弱不等的辐射信号转换成相应的电信号，然后经过放大和视频处理，形成可供人眼观察的视频图像。如图 2-90 所示，镜头中出现了多个行人，且都被标记了出来。

图 2-90 红外夜视系统检测效果图

博世公司 ADAS 摄像头 MPC2 主要参数见表 2-24。

表 2-24 博世公司 ADAS 摄像头 MPC2 主要参数

项目	参数
图像分辨率	1280×960 像素
最大探测距离	>120m
水平视场角	50°
垂直视场角	28°
分辨率	25 像素/（°）
帧率	30 帧/s
波长	400～750nm
工作温度	-40～+85℃

（2）视觉传感器的应用 视觉传感器主要应用于车道偏离预警、车道保持辅助、前向碰撞预警、行人碰撞预警、交通标志识别、盲区监测、夜视辅助、自动泊车辅助、全景泊车、驾驶员疲劳预警等，如图 2-91 所示。

❶ 车道偏离预警系统，如图 2-92 所示。
❷ 车道保持辅助系统，如图 2-93 所示。

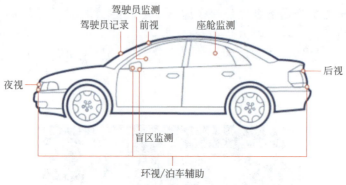

图 2-91　视觉传感器的应用

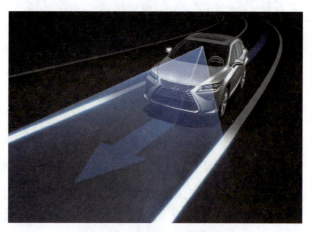

图 2-92　车道偏离预警系统

图 2-93　车道保持辅助系统

❸ 前向碰撞预警系统，如图 2-94 所示。

图 2-94　前向碰撞预警系统

❹ 行人碰撞预警系统，如图 2-95 所示。

图 2-95　行人碰撞预警系统

❺ 交通标志识别系统，如图 2-96 所示。

图 2-96　交通标志识别系统

视觉传感器在智能网联汽车上的应用如表 2-25 所示。

表 2-25 视觉传感器在智能网联汽车上的应用

ADAS	使用的摄像头	具体功能介绍
车道偏离预警系统	前视	当前视摄像头检测到车辆即将偏离车道线时发出警报
盲区监测系统	侧视	利用侧视摄像头将后视镜盲区的影像显示在后视镜或驾驶舱内
自动泊车辅助系统	后视	利用后视摄像头将车尾影像显示在驾驶舱内
全景泊车系统	前视、侧视、后视	利用图像拼接技术将摄像头采集的影像组成周边的全景图
驾驶员疲劳预警系统	内置	利用内置摄像头检测驾驶员是否疲劳、闭眼等
行人碰撞预警系统	前视	当前视摄像头检测到车辆前方的行人可能与车辆发生碰撞时发出警报
车道保持辅助系统	前视	当前视摄像头检测到车辆即将偏离车道线时通知控制中心发出指示,纠正行驶方向
交通标志识别系统	前视、侧视	利用前视、侧视摄像头识别前方和两侧的交通标志
前向碰撞预警系统	前视	当前视摄像头检测到与前车距离小于安全车距时发出警报

几种环境感知传感器的性能比较如表 2-26 所示。

表 2-26 几种环境感知传感器的性能比较

传感器类型	超声波传感器	毫米波雷达	激光雷达	视觉传感器
远距离探测能力	弱	强	强	较强
探测角度	120°	10°～70°	15°～360°	30°
夜间环境适用性	强	强	强	弱
全天候适用性	弱	强	强	弱
不良天气环境适用性	一般	强	弱	弱
温度稳定性	弱	强	强	强
车速测量能力	一般	弱	强	弱
路标识别能力	×	×	×	√
主要应用	泊车辅助	自适应巡航控制系统、自动制动辅助系统	实时建立车辆周边环境的三维模型	车道偏离预警、车道保持、盲区监测、前车防撞预警、交通标志识别、交通信号灯识别、全景泊车
成本	低	适中	高	适中

2.4.5 视觉传感器的功能

视觉传感器在无人车上的应用，主要有两大类功能：首先是感知能力，其次是定位能力。

（1）**感知能力** 在无人驾驶领域，视觉传感器的主要功能是实现对各种环境信息的感知（图 2-97）。

图 2-97 视觉传感器的感知能力

由图 2-97 可以看出，视觉传感器可以提供的感知能力有：

❶ 车道线（lane）。即图中的深绿色线。车道线是摄像机能够感知的最基本的信息，拥有车道线检测功能即可实现高速公路的车道保持功能。

❷ 障碍物（obstacle）。即图中使用矩形框框中的物体。图中仅有汽车、行人和自行车等物体。其实障碍物的种类可以更丰富，比如摩托车、卡车，甚至动物都是可以检测到的。有了障碍物信息，无人车即可完成车道内的跟车行驶。

❸ 交通标志牌和地面标志（traffic sign and road sign）。即图中使用绿色或红色矩形框框出的物体。这些感知信息更多是作为道路特征与高精度地图做匹配后，辅助定位。当然也可以基于这些感知结果进行地图的更新。

❹ 可通行空间（freespace）。即图中使用透明绿覆盖的区域。该区域表示无人车可以正常行驶的区域。可通行空间可以让车辆不再局限于车道内行驶，实现更多跨车道的超车功能等，把车开得更像老司机。

❺ 交通信号灯（traffic light）。即图中使用绿框框出来的物体。对交通信号灯状态的感知能力对于在城区行驶的无人驾驶汽车十分重要，这也是百度 Apollo 2.0 实现"简单路况自动驾驶"必须开放此功能的原因。

（2）**定位能力** 根据提前建好的地图和实时的感知结果做匹配，获取当前无人车的位置（图 2-98）。

图 2-98 视觉传感器的定位能力

2.4.6 视觉传感器的标定

视觉传感器的标定分为外参标定和内参标定。

在图像测量过程以及机器视觉应用中,为确定空间物体表面某点的三维几何位置与其在图像中对应点之间的相互关系,必须建立视觉传感器成像的几何模型,即求解几何模型参数。

无论是在图像测量还是在机器视觉应用中,视觉传感器参数的标定都是非常关键的环节,其标定结果的精度及算法的稳定性直接影响视觉传感器工作结果的准确性(图 2-99)。

图 2-99 视觉传感器标定坐标系转换

单目视觉传感器的标定过程是求解传感器坐标系相对于世界坐标系的旋转矩阵 R 和平移向量 T 等参数。

视觉传感器采集图像后以标准电视信号的形式将信息输入计算机,在计算机中以 $M×N$ 矩阵保存。在图像上定义图像像素直角坐标系 uO_1v,每一个像素的坐标(u,v)分别表示该像素在数组中的列数与行数(图 2-100)。由于像素直角坐标系中(u,v)只表示像素位于数组中的列数与行数,并没有物理单位表示出该像素在图像中的位置,因此需要建立以物理单位表示的图像物理坐标系 xO_1y。

若 O_1 在 uO_1v 坐标系中的坐标为 (u_0, v_0),每一个像素在 x 轴与 y 轴方向上的物理尺寸分别为 dx、dy,则图像中任意一个像素在两个坐标系下的坐标有关系:

$$\begin{bmatrix} u \\ v \\ 1 \end{bmatrix} = \begin{bmatrix} \frac{1}{dx} & 0 & u_0 \\ 0 & \frac{1}{dx} & v_0 \\ 0 & 0 & 1 \end{bmatrix} \begin{bmatrix} x \\ y \\ 1 \end{bmatrix}$$

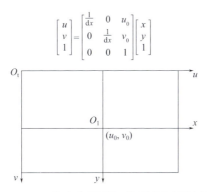

图 2-100 像素坐标系与物理坐标系的转换

视觉传感器坐标系是由点 O_c 与 X_c、Y_c 和 Z_c 轴组成的直角坐标系(图 2-101)。O_c 点称为视觉传感器的光学中心,简称光心。X_c、Y_c 轴分别和 x 轴、y 轴平行,Z_c 轴为视觉传感器的光轴,它与图像平面垂直。光轴与图像平面的交点,即为图像坐标系的原点。O_cO_1 为视觉传感器焦距。

世界坐标系由点 O_w 与 X_w、Y_w、Z_w 组成,是一个基准坐标系,用于描述视觉传感器放置在拍摄环境中的位置和被拍摄物体的位置。

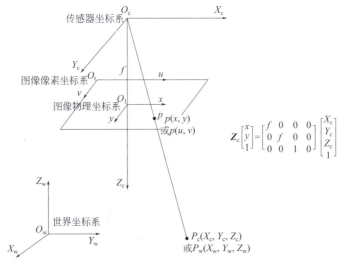

$$Z_c \begin{bmatrix} x \\ y \\ 1 \end{bmatrix} = \begin{bmatrix} f & 0 & 0 & 0 \\ 0 & f & 0 & 0 \\ 0 & 0 & 1 & 0 \end{bmatrix} \begin{bmatrix} X_c \\ Y_c \\ Z_c \\ 1 \end{bmatrix}$$

图 2-101 传感器坐标系与世界坐标系

视觉传感器坐标系向世界坐标系的变换，包括 X、Y 轴和 Z 轴的旋转以及坐标平移，齐次坐标系变换矩阵为：

$$\begin{bmatrix} X_c \\ Y_c \\ Z_c \\ 1 \end{bmatrix} = \begin{bmatrix} \boldsymbol{R} & \boldsymbol{t} \\ \boldsymbol{O}^{\mathrm{T}} & 1 \end{bmatrix} \begin{bmatrix} X_w \\ Y_w \\ Z_w \\ 1 \end{bmatrix} = \boldsymbol{M}_1 \begin{bmatrix} X_w \\ Y_w \\ Z_w \\ 1 \end{bmatrix}$$

$$\boldsymbol{R} = \begin{bmatrix} r_1 & r_2 & r_3 \\ r_4 & r_5 & r_6 \\ r_7 & r_8 & r_9 \end{bmatrix}, \boldsymbol{O} = [0\ 0\ 0]^{\mathrm{T}}, \boldsymbol{t} = \begin{bmatrix} T_x \\ T_y \\ T_z \end{bmatrix}$$

式中，$\boldsymbol{R}$ 中各个参数 r_1、$\cdots$、r_9 可由旋转变换矩阵得到。

标定的流程如图 2-102 所示。标定用到的模板如图 2-103 所示。

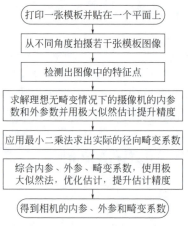

图 2-102　标定的流程

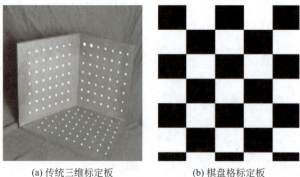

(a) 传统三维标定板　　　　(b) 棋盘格标定板

图 2-103　标定用到的模板

2.5 传感器融合技术

2.5.1 传感器的融合原理

传感器的融合就是将多个传感器获取的数据、信息集中在一起综合分析,以便更加准确、可靠地描述外界环境,从而提高系统决策的正确性。多传感器信息融合的优势在于,能够综合利用多种信息源的不同特点,多方位获得相关信息,从而提高整个系统的可靠性和精准度。未来,传感器融合技术将显得更加重要,并且会成为一种趋势。多传感器信息的融合是无人驾驶安全出行的前提。多传感器信息融合框架按融合方式分为分布式、集中式和混合式。

(1)分布式(图 2-104) 先对各个独立传感器所获得的原始数据进行局部处理,然后将结果送入信息融合中心进行智能优化组合来获得最终的结果。分布式对通信带宽的需求低,计算速度快,可靠性和延续性好,但跟踪的精度却远没有集中式高。

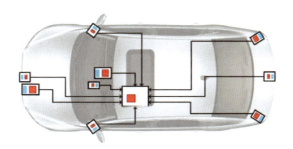

图 2-104 分布式

(2)集中式(图 2-105) 集中式将各传感器获得的原始数据直接送至信息融合中心进行融合处理,可以实现实时融合。优点是数据处理的精度高,算法灵活;缺点是对处理器的要求高,可靠性较低,数据量大,故难以实现。

(3)混合式(图 2-106) 混合式多传感器信息融合框架中,部分传感器采用集中式融合方式,剩余的传感器采用分布式融合方式。混合式融合框架具有较强的适应能力,兼顾了集中式和分布式融合的优点,稳定性强。混合式融合方式的结构比前两种融合方式的结构复杂,这样就加大了通信和计算上的代价。

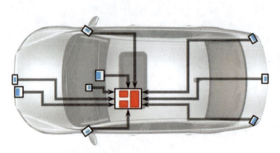

图 2-105　集中式

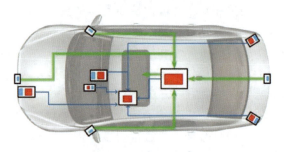

图 2-106　混合式

2.5.2　传感器的融合方案

❶ 激光雷达与视觉传感器融合。
❷ 激光雷达与毫米波雷达融合。
❸ 视觉传感器与毫米波雷达融合。

2.6　智能传感器的配置实例

❶ 奥迪 A8 智能传感器的配置。它配置了 1 个 4 线束激光雷达、1 个前视摄像头、4 个鱼眼摄像头、1 个远程毫米波雷达、2 个中程毫米波雷达、12 个超声波雷达（图 2-107），属于 L3 级自动驾驶。

❷ 沃尔沃与优步联合开发的 XC90 自动驾驶汽车环境感知传感器的配置。它配置了前视摄像头、侧视摄像头、后视摄像头、超声波雷达、毫米波雷达和激光雷达（图 2-108）。

图 2-107 奥迪 A8 智能传感器的配置

图 2-108 沃尔沃智能传感器的配置

❸ 特斯拉电动汽车配置了 1 个三目摄像头、2 个侧前视摄像头、2 个侧后视摄像头、1 个后视摄像头、1 个毫米波雷达和 12 个超声波雷达（图 2-109），属于 L3 级自动驾驶。侧前视摄像头和侧后视摄像头的覆盖范围相互重叠，保证无盲区。

图2-109　特斯拉电动汽车智能传感器的配置

❹ 谷歌无人驾驶公司（Waymo）第五代无人驾驶汽车智能传感器的配置如图2-110所示。

图2-110　谷歌无人驾驶汽车智能传感器的配置

第 3 章

智能网联汽车网络与通信技术

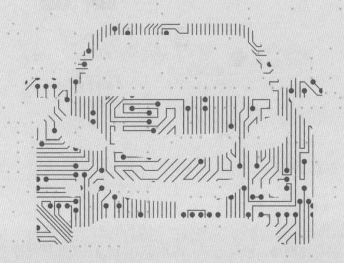

3.1 智能网联汽车网络技术

3.1.1 智能网联汽车的网络构成

智能网联汽车的网络构成如图 3-1 所示,包括:
❶ 以车内总线通信为基础的车载网络。
❷ 以短距离无线通信为基础的车载自组织网络。
❸ 以远距离无线通信为基础的车载移动互联网络。

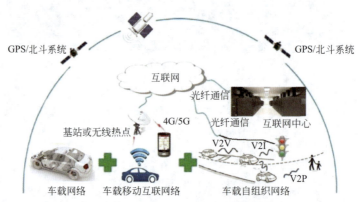

图 3-1　智能网联汽车的网络构成

3.1.2 车载网络

(1) 车载网络的类型

车载网络按传输速率划分,可以分为以下几种。应用如图 3-2 所示。

❶ A 类低速网络。传输速率一般小于 10kbit/s(千比特每秒),主流协议是 LIN(局域互联网络),主要用于电动门窗、电动座椅、照明系统等。

❷ B 类中速网络。传输速率在 10~125kbit/s 之间,对实时性要求不太高,主要面向独立模块之间数据共享的中速网络;主流协议是低速 CAN(控制器局域网络),主要用于故障诊断及空调、仪表显示。

❸ C 类高速网络。传输速率在 125~1000kbit/s 之间,对实时性要求高,主要面向高速、实时闭环控制的多路传输网;主流协议是高速 CAN、FlexRay

（服乐克思睿）等，主要用于发动机控制、ABS（防抱死制动系统）、ASR、ESP（车身电子稳定系统）、悬架控制等。

❹ D 类多媒体网络。传输速率在 250kbit/s ～ 100Mbit/s 之间，网络协议主要有 MOST、以太网、蓝牙、ZigBee 技术等；主要用于要求传输效率较高的多媒体系统、导航系统等。

❺ E 类安全网络。传输速率为 10Mbit/s，主要面向汽车安全系统的网络。

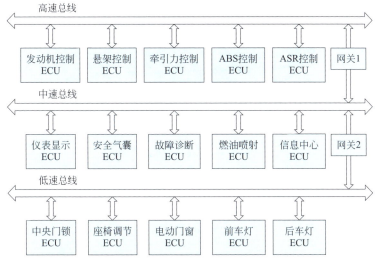

图 3-2　车载网络的应用

车载网络按照总线协议划分有 CAN、LIN、FlexRay、MOST、以太网等，如图 3-3 所示。

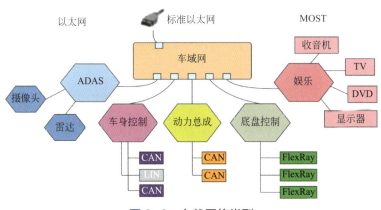

图 3-3　车载网络类型

（2）CAN 总线网络（图 3-4） CAN 是控制器局域网络的英文简称，是德国博世公司在 1985 年时为了解决汽车上众多测试仪器与控制单元之间的数据传输问题，而开发的一种支持分布式控制的串行数据通信总线。目前，CAN 总线已经是国际上应用最广泛的网络总线之一，它的数据信息传输速率最大为 1Mbit/s，属于中速网络，通信距离（无须中继）最远可达 10km。

图 3-4　CAN 总线网络

CAN 总线采用双绞线作为传输介质，媒体访问方式为位仲裁，是一种多主总线，如图 3-5 所示。

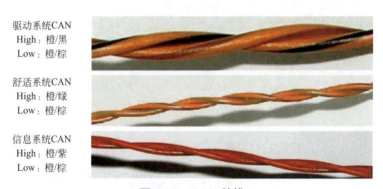

图 3-5　CAN 总线

CAN 总线网络具有以下功能。

❶ 多主控制。在总线空闲时，所有单元都可开始发送消息；最先访问总线的单元可获得发送权；多个单元同时开始发送时，发送高优先级 ID（标识符）消息的单元可获得发送权。

❷ 消息的发送。在 CAN 协议中，所有的消息都以固定的格式发送；总线空闲时，所有与总线相连的单元都可以开始发送新消息；两个以上的单元同时

开始发送消息时，对各消息 ID 的每个位进行逐个仲裁比较；仲裁获胜（被判定为优先级最高）的单元可继续发送消息，仲裁失利的单元则立刻停止发送而进行接收工作。

❸ 系统的柔软性。与总线相连的单元没有类似于"地址"的信息，因此，在总线上增加单元时，连接在总线上的其他单元的软硬件及应用层都不需要改变。

❹ 高速度和远距离。当通信距离小于 40m 时，CAN 总线的传输速率可以达到 1Mbit/s；通信速度与其通信距离成反比，当其通信距离达到 10km 时，其传输速率仍可以达到约 5kbit/s。

❺ 远程数据请求。可通过发送"遥控帧"请求其他单元发送数据。

❻ 错误检测功能、错误通知功能、错误恢复功能。

❼ 故障封闭。CAN 总线可以判断出错误在类型上是总线上暂时的数据错误（如外部噪声等）还是持续的数据错误（如单元内部故障、驱动器故障、断线等）；当总线上发生持续的数据错误时，可将引起此故障的单元从总线上隔离出去。

❽ 连接。CAN 总线可以同时连接多个单元，可连接的单元总数理论上是没有限制的；但实际上可连接的单元数受总线上的时间延迟及电气负载的限制。降低传输速率，可连接的单元数增加；提高传输速率，则可连接的单元数减少。

CAN 总线网络的应用如图 3-6 所示。

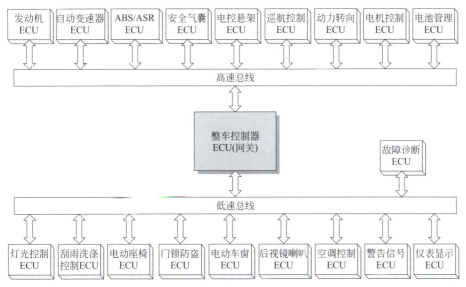

图 3-6　CAN 总线网络的应用

（3）LIN 总线网络（图 3-7） LIN 是局部连接网络的简称，也被称为局域网子系统，是专门为汽车开发的一种低成本串行通信网络，用于实现汽车中的分布式电子系统控制。LIN 网络的数据传输速率为 20kbit/s，属于低速网络，媒体访问方式为单主多从，是一种辅助总线，辅助 CAN 总线工作；使用 LIN 总线可大大降低成本。

图 3-7 LIN 总线网络

LIN 总线网络的特点：

❶ LIN 总线的通信是基于 SCI 数据格式，媒体访问采用单主节点、多从节点的方式，数据优先级由主节点决定，灵活性好。

❷ 一条 LIN 总线最多可以连接 16 个节点，共有 64 个标识符。

❸ LIN 总线采用低成本的单线连接，传输速率最高可达 20kbit/s。

❹ 不需要进行仲裁，同时在从节点中无须配置石英或陶瓷振荡器，只采用片内振荡器就可以实现自同步，从而降低硬件成本。

❺ 几乎所有的 MCU（微控制单元）均具备 LIN 所需硬件，且实现费用较低。

❻ 网络通信具有可预期性，信号传播时间可预先计算。

❼ 通过主机节点可将 LIN 与上层网络（CAN）相连接，实现 LIN 的子总线辅助通信功能，从而优化网络结构，提高网络效率和可靠性。

❽ LIN 总线通信距离最大不超过 40m。

LIN 总线网络主要应用于车门、转向盘、座椅、后视镜等（图 3-8）。

（4）FlexRay 总线网络 FlexRay 是一种用于汽车的高度可确定性的、具备故障容错功能的总线系统。汽车中的控制器件、传感器和执行器之间的数据交换主要是通过 CAN 网络进行的。然而新的线控技术（X-by-wire）系统设计思想的出现，导致车辆系统对信息传送速度，尤其是故障容错与时间确定性的需

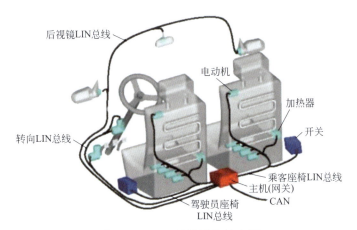

图 3-8 LIN 总线网络的应用

求不断增加；FlexRay 通过在确定的时间槽中的信息传送，以及在两个通道上的故障容错和冗余信息的传送，可以满足这些新增加的要求。

FlexRay 总线网络的特点：

❶ 数据传输速率高。最大传输速率可达到 10Mbit/s，双通道总数据传输速率可达到 20Mbit/s，因此，应用在车载网络上时，FlexRay 的网络带宽可以是 CAN 网络的 20 倍。

❷ 可靠性好。具有冗余数据传输能力的总线系统使用两个相互独立的信道，每个信道都由一组双线导线组成；一个信道失灵时，该信道应传输的信息可在另一条没有发生故障的信道上传输；此外，总线监护器的存在进一步提高了通信的可靠性。

❸ 确定性高。确定性数据传输用于确保时间触发区域内的每条信息都能实现实时传输。

❹ 灵活性好。灵活性好是 FlexRay 总线的突出特点，体现在以下方面：支持多种方式的网络拓扑结构，如点对点连接、串级连接、主动星形连接、混合型连接等；信息长度可配置，可根据实际控制应用需求，为其设定相应的数据载荷长度；双通道拓扑既可用于增加带宽，也可用于传输冗余的信息；周期内静态、动态信息传输部分的时间都可随具体应用而改变。

FlexRay 总线网络的应用：

❶ 替代 CAN 总线网络。数据传输速率要求超过 CAN 的应用，FlexRay 替代多条 CAN 总线。

❷ 用作"数据主干网"。数据传输速率高，且支持多种拓扑结构，非常适合于车辆主干网络，连接多个独立网络。

❸ 用于分布式测控系统。分布式测控系统用户要求确切知道消息到达时间，且消息周期偏差非常小，如用于动力系统、底盘系统的一体化控制中。

❹ 用于高安全性要求的系统。FlexRay 本身不能确保系统安全，但它具备大量功能以支持面向安全的系统设计（图 3-9）。

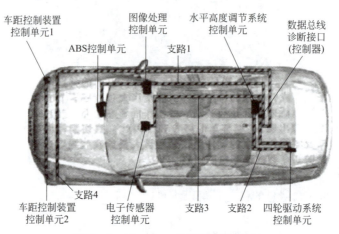

图 3-9　FlexRay 总线网络的应用

（5）MOST 总线网络　MOST（多媒体定向系统传输）总线网络是使用光纤或双绞线作为传输介质的环形网络，可以同时传输音 / 视频流数据、异步数据和控制数据，支持高达 150Mbit/s 的传输速率。

MOST25 是第 1 代总线标准，最高可支持 24.6Mbit/s 的传输速率，以塑料光纤作为传输介质；第 2 代标准 MOST50 的传输速率是 MOST25 的 2 倍，采用塑料光纤、非屏蔽双绞线作为传输介质；第 3 代标准 MOST150，不仅最高可支持 147.5Mbit/s 的传输速率，还解决了与以太网的连接等问题，MOST150 将成为 MOST 总线技术发展的趋势。

MOST 总线网络的特点：

❶ 在保证低成本条件下，最高可以达到 147.5Mbit/s 的速率。

❷ 无论是否有主控计算机都可以工作。

❸ 支持声音和压缩图像的实时处理。

❹ 支持数据的同步和异步传输。

❺ 发送 / 接收器嵌有虚拟网络管理系统。

❻ 支持多种网络连接方式，提供 MOST 设备标准。

❼ 通过采用 MOST，可以减轻线束的质量。

❽ 光纤网络不会受到电磁辐射干扰与搭铁环的影响。

MOST 总线网络主要用于车载电视、车载电话、车载 CD、车载互联网、DVD 导航等系统的控制；用在车载摄像头等行车系统中（图 3-10）。

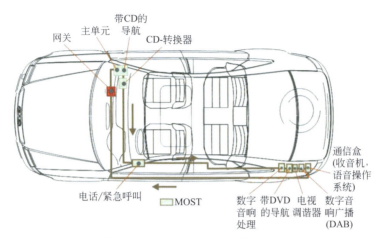

图 3-10　MOST 总线网络的应用

（6）以太网（图 3-11）　以太网（Ethernet）是由美国施乐（Xerox）公司创建，并由施乐、英特尔（Intel）和数字装备（DEC）公司联合开发的基带局域网规范，是现有局域网采用的最通用的通信协议标准。以太网包括标准以太网（10Mbit/s）、快速以太网（100Mbit/s）、千兆以太网（1000Mbit/s）和万兆以太网（10Gbit/s）。

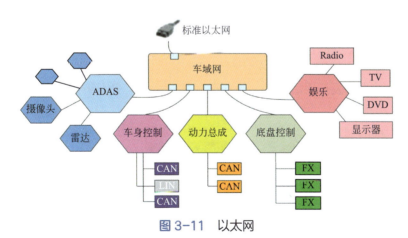

图 3-11　以太网

以太网的特点：

❶ 数据传输速率高。最大传输速率能达到 10Gbit/s，并且还在提高，比任

何一种现场总线都快。

❷ 应用广泛。以太网是一种标准的开放式网络，不同厂商的设备很容易互联。

❸ 容易与信息网络集成，有利于资源共享。由于具有相同的通信协议，以太网能实现与 Internet 的无缝连接，方便车辆网络与地面网络的通信（图 3-12）。

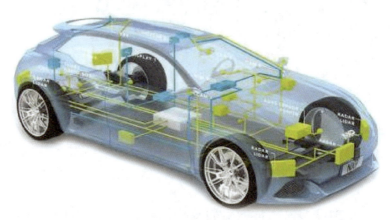

图 3-12　汽车以太网

❹ 支持多种物理介质和拓扑结构。以太网支持多种传输介质，包括同轴电缆、双绞线、光缆、无线等，使用户可根据带宽、距离、价格等因素做多种选择。

❺ 软硬件资源丰富。大量的软件资源和设计经验可以显著降低系统的开发成本，加快系统的开发和推广速度。

❻ 可持续发展潜力大。车载网络采用以太网，可以避免其发展游离于计算机网络技术的发展主流之外，从而使车载网络与信息网络技术互相促进，共同发展。

以太网的应用（图 3-13）：博通、飞思卡尔和 OmniVision 推出的三方共同开发的 360° 全景停车辅助系统是世界上第一款基于以太网的停车辅助系统。

3.1.3　车载自组织网络

车载自组织网络是一种不同于传统无线通信网络的技术，它是由一组具有无线通信能力移动终端节点组成的、具有任意和临时性网络拓扑的动态自组织网络系统，其中每个终端节点既可作为主机，也可作为路由器使用。作为主机

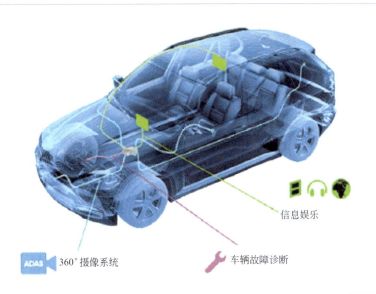

图 3-13　以太网的应用

时,终端具有运行各种面向用户的应用程序的能力;作为路由器时,终端可以运行相应的路由协议,根据路由策略和路由表完成数据的分组转发和路由维护工作。

(1)车载自组织网络的定义　一种自组织、结构开放的车辆间通信网络,通过结合 GPS 及无线通信技术,如无线局域网、蜂窝网络等,可为处于高速移动状态的车辆提供高速率的数据接入服务,并支持 V2V、V2I 之间的信息交互,已成为保障车辆行驶安全,提供高速数据通信、智能交通管理及车载娱乐的有效技术。车载自组织网络是智能交通系统未来发展的通信基础,也是智能网联汽车安全行驶的保障(图 3-14)。

图 3-14 车载自组织网络

（2）车载自组织网络的类型　车载自组织网络结构主要有 V2V、V2I、V2P（图 3-15）。V2V 是通过 GPS 定位辅助建立无线多跳连接，从而能够进行暂时的数据通信，提供行车信息、行车安全等服务。V2I 能够通过接入互联网获得更丰富的信息与服务。V2P 研究刚刚起步。

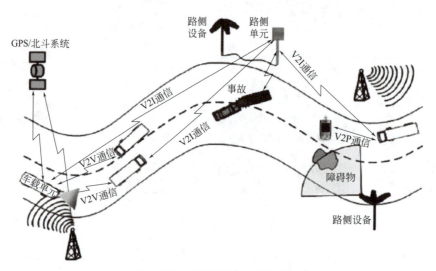

图 3-15 车载自组织网络的通信

（3）车载自组织网络的特点

❶ 节点速度变化大。节点的可能速度在 0～200km/h 之间。节点速度很大时对应用程序的影响也很大，比如由于速度太快，因此即时环境变化太快，使得对环境感知的应用也变得困难。在另外一种极端情况下，即节点几乎不移动情况下，网络拓扑相对稳定。然而，车辆的缓慢移动意味着车辆密度很大，这会导致高干扰、介质接入等诸多问题。

❷ 运动模式多变。车辆是在预定义的道路上行驶的，一般情况下有两个行驶方向。在十字路口时，车辆的行驶方向具有不确定性。将道路分为高密度城市道路、高速公路和乡村道路三种类型。城市场景下，交通流非常无序；高速公路上的车速度快，几乎整个运动都是处于一维情况；乡村道路上很难形成连通的网络。

❸ 节点密度大。在相同的无线通信范围内，可能存在零到几十，甚至上百辆车。当节点密度非常小时，几乎不可能完成瞬时消息转发，需要更复杂的消息传播机制，可以先存储信息，并在车辆相遇时转发信息。这样可能导致一些信息被同一车辆重复发送多次。当节点密度很大时，消息只可能被选定的节点重复发送，否则会导致重载信道。节点密度与时间也相关：在白天，高速公路和城市中节点密度较高，足以实现瞬时转发，有足够的时间使路由处理分段网络；但在夜间，无论哪种类型的道路，车辆都很少。

❹ 节点异构性好。在车载自组织网络中，节点有许多不同种类。而车辆可以进一步分为城市公交车、私家车、出租车、救护车、道路建设和维修车辆等，并不是每辆车都要安装所有的应用。例如只有救护车需要安装能够在其行驶路线上发出警告的应用。不同的路侧单元功能不同，可以简单地向网络发送数据，或者拥有自组织网络的完整功能。此外，路侧单元节点可以提供对背景网络的访问，如向交通管理中心报告道路状况。

❺ 具有可预测的运动性。尽管车辆节点的运行规律比较复杂，但车辆的运动趋势在一定程度上仍然是可以预测的。在高速公路场景下，根据车辆所处的车道、实时的道路状况以及汽车自身的速度和方向就可以推测汽车在随后短时间内的运动趋势。

在城市场景中，不同类型的车辆具有不同的运动趋势。公交车的平均行驶速度缓慢且具有间隔性静止状态，因此根据公交车节点的速度大小和道路特点就可以推测出短时间内的运动趋势。

3.1.4 车载移动互联网

车载移动互联网是以移动网络作为接入网络的互联网及服务，包括移动终端、移动网络和应用服务 3 个要素。

移动互联网包含两方面的含义：一方面，移动互联网是移动通信网络与互联网的融合，用户以移动终端接入无线移动通信网络、无线城域网、无线局域网等方式访问互联网；另一方面，移动互联网还产生了大量新型的应用，这些应用与终端的可移动、可定位和随身携带等特性相结合，为用户提供个性化的、位置相关的服务。

车载移动互联网是以车为移动终端,通过远距离无线通信技术构建的车与互联网之间的网络,实现车辆与服务信息在车载移动互联网上的传输(图 3-16)。

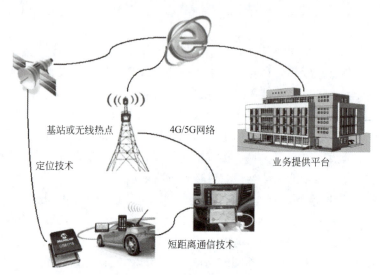

图 3-16　车载移动互联网的组成

3.2　智能网联汽车通信技术

3.2.1　V2X 通信技术

(1)V2X 的定义　V2X 是指车用无线通信技术,它是将车辆与一切事物相连接的新一代信息通信技术,其中 V 代表车辆,X 代表任何与车辆交互信息的对象,当前 X 主要包含车辆、行人、路侧基础设施和网络(图 3-17)。

(2)V2X 技术分类(图 3-18)　C-V2X 是基于 3GPP 全球统一标准的通信技术,包含 LTE-V2X(LTE-V)和 5G-V2X,从技术演进角度讲,LTE-V 支持向 5G-V2X 平滑演进。

LTE-V 可支持 L1～L3 级别的智能网联业务,包含红绿灯车速引导、交通事故提醒、远程诊断、紧急制动提醒等应用场景。

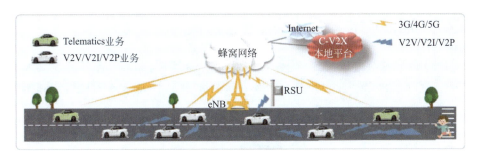

图 3-17　车用无线通信技术

5G-V2X 相比 LTE-V 将在时延、可靠度、速率、数据包大小等方面有大幅度提高，可支持 L4/L5 级别的自动驾驶业务，包含车辆编队行驶、自动驾驶、远程控制、传感器信息共享等应用场景。

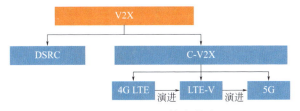

图 3-18　V2X 技术分类

（3）C-V2X 通信技术（图 3-19）　C-V2X 是基于蜂窝网络的 V2X 通信技术，它是基于 4G/5G 等蜂窝网络通信技术演进形成的车用无线通信技术，包含了两种通信接口：一种是车、人、路之间的短距离直接通信接口（PC5）；另一种是终端和基站之间的蜂窝通信接口（Uu），可实现长距离和更大范围的可靠通信。

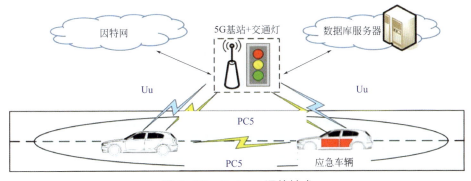

图 3-19　C-V2X 通信技术

3.2.2 蓝牙技术

（1）**蓝牙技术的定义** 蓝牙（bluetooth）通信是由世界著名的 5 家大公司——爱立信、诺基亚、东芝、IBM 和英特尔，于 1998 年 5 月联合宣布推出的一种短距离无线通信技术（图 3-20）。

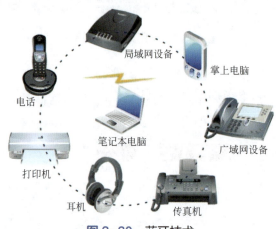

图 3-20 蓝牙技术

（2）**蓝牙技术的特点**
❶ 全球范围适用。蓝牙技术工作在 2.4GHz 的 ISM 频段。
❷ 通信距离一般为 0.1～10m。发射功率为 100mW 时通信距离可以达到 100m。
❸ 可传输语音和数据。
❹ 可以建立临时性的对等连接。
❺ 抗干扰能力强。
❻ 蓝牙模块体积很小，便于集成。
❼ 功耗低。
❽ 接口标准开放。
❾ 成本低。
（3）**蓝牙技术的应用** 如图 3-21 所示。

3.2.3 射频识别技术

（1）**射频识别技术的定义** 射频识别（RFID）技术也称为电子标签，是一种无

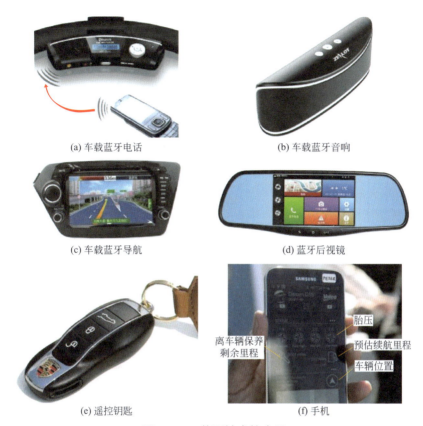

图 3-21　蓝牙技术的应用

线通信技术,可以通过无线电信号识别特定目标并读写相关数据,而无须在识别系统与特定目标之间建立机械或者光学接触,所以,它是一种非接触式的自动识别技术。射频识别系统主要由电子标签、读写器和天线等部分组成(图3-22)。

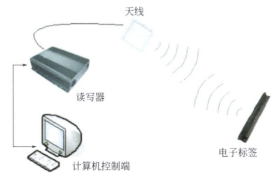

图 3-22　射频识别系统组成

（2）射频识别技术的特点

❶ 读取方便快捷。数据的读取无须光源，甚至可以透过外包装来进行。有效识别距离更大，当采用自带电池的主动标签时，有效识别距离可达到30m以上。

❷ 识别速度快。标签一进入磁场，读写器就可以即时读取其中的信息，而且能够同时处理多个标签，实现批量识别。

❸ 数据容量大。数据容量最大的二维条形码，最多也只能存储2725个数字；若包含字母，存储量则会更少。RFID标签则可以根据用户的需要将数字存储个数扩充到数万。

❹ 可实现穿透性和无屏障阅读。在被覆盖的情况下，RFID能够穿透纸张、木材和塑料等非金属或非透明的材质，并能够进行穿透性通信。

❺ 使用寿命长，应用范围广。无线通信方式使其可以应用于粉尘、油污等高污染环境和放射性环境，而且其封闭式包装使得其寿命大大超过印刷的条形码。

❻ 标签数据可动态更改。利用编程器可以向标签写入数据，从而赋予RFID标签交互式便携数据文件的功能，而且写入时间相比打印条形码更少。

❼ 安全性好。其不仅可以嵌入或附着在不同形状、类型的产品上，而且可以为标签数据的读写设置密码保护，从而具有更高的安全性。

❽ 可实现动态实时通信。标签以50～100次/s的频率与读写器进行通信，所以只要RFID标签所附着的物体出现在解读器的有效识别范围内，就可以对其位置进行动态的追踪和监控。

（3）射频识别技术的应用　如图3-23所示。

图3-23　射频识别技术的应用

❶ 用于交通信息的采集，如采集机动车流量、车辆平均车速、道路拥堵状况等信息。

❷ 智能交通控制，如交通信号优化控制、公交信号优化控制、特定区域出入管理。

❸ 违章、违法行为检测。与视频监控、视频抓拍系统配合，通过 RFID 射频识别设备对过往车辆进行检测、抓拍和身份判别。

❹ 电子不停车收费系统、无钥匙系统、汽车防伪查询等。

3.2.4 DSRC 通信技术

DSRC（专用短程通信技术）是一种高效的短程无线通信技术，它可以实现在特定小区域内对高速运动目标的识别和双向通信，例如车辆与车辆（V2V）、车辆与基础设施（V2I）双向通信，实时传输图像、语音和数据信息，将车辆和道路有机连接（图 3-24）。

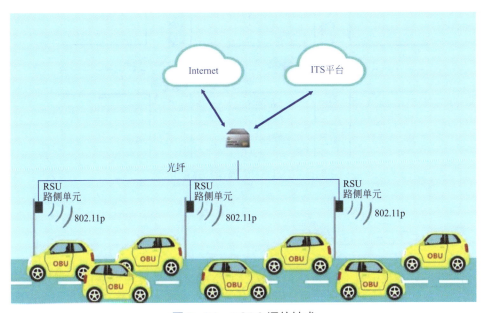

图 3-24　DSRC 通信技术

DSRC 通信系统由车载单元（OBU）、路侧单元（RSU）以及 DSRC 协议组成（图 3-25）。

DSRC 通信技术的应用如图 3-26 所示。

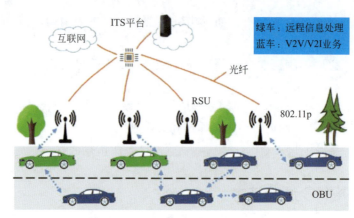

图 3-25　DSRC 通信系统的组成

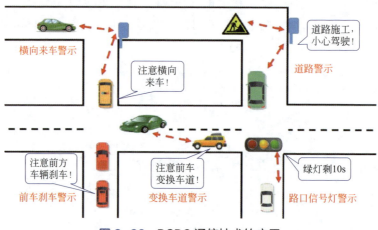

图 3-26　DSRC 通信技术的应用

3.2.5　LTE-V 通信技术

LTE-V 是我国具有自主知识产权的 V2X 技术，是按照全球统一规定的体系架构及其通信协议和数据交互标准，在车辆与车辆（V2V）、车辆与基础设施（V2I）、车辆与行人（V2P）之间组网，构建数据共享交互桥梁，助力实现智能化的动态信息服务、车辆安全驾驶、交通管控等（图 3-27）。

LTE-V 通信系统由用户终端、路侧单元（RSU）和基站 3 部分组成（图 3-28），定义了两种通信方式，即蜂窝链路式（LTE-V-Cell）和短程直通链路式（LTE-V-Direct）。

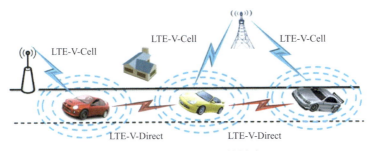

图 3-27　LTE-V 通信技术

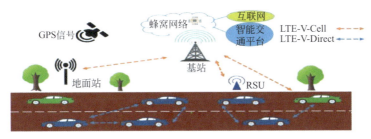

图 3-28　LTE-V 通信系统的组成

LTE-V 通信技术的应用如图 3-29 所示。

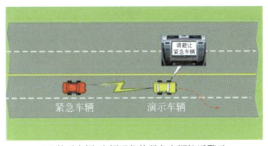

(a) 基于车辆-车辆通信的紧急车辆接近警示

(b) 基于交叉交通信息的车辆安全通行

图 3-29

(c) 基于车路协同的车辆引导控制

图 3-29　LTE-V 通信技术的应用

3.2.6　5G 通信技术

5G 指第 5 代移动通信系统。5G 是 4G 的延伸，是对现有无线接入技术（包括 3G、4G 和 Wi-Fi）的技术演进，以及一些新增的补充性无线接入技术集成后解决方案的总称。5G 通信的速度较之前的 4G 等有显著提升（图 3-30）。

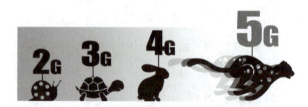

图 3-30　5G 通信的速度

5G 通信技术的特点：

❶ 高速度。对于 5G 的基站峰值，要求不低于 20Gbit/s。高速度给未来对速度有很高要求的业务提供了机会和可能。

❷ 泛在网。泛在网有两个层面的含义，一是广泛覆盖，二是纵深覆盖。

❸ 低功耗。5G 要支持大规模物联网应用，就必须要有功耗的要求。如果能把功耗降下来，让大部分物联网产品一周充一次电，甚至一个月充一次电，就能大大改善用户体验，促进物联网产品的快速普及。

❹ 低时延。5G 时延降低到 1ms。

❺ 万物互联。5G 时代，终端不是按人来定义，因为每人、每个家庭可能拥有数个终端。通信业对 5G 的愿景是每平方公里可以支撑对 100 万个移动终

端的服务。

❻ 重构安全。在 5G 基础上建立的是智能互联网,智能互联网不仅要实现信息传输,还要建立起一个社会和生活的新机制与新体系。智能互联网的基本精神是安全、管理高效、方便,这就需要重新构建安全体系。

3.2.7 V2X 通信系统安全风险

(1)网络通信

❶ 蜂窝通信接口。蜂窝通信接口场景下,V2X 通信系统面临的安全风险主要有假冒终端、伪基站、信令/数据窃听、信令/数据篡改/重放等,危害 V2X 智能网联业务安全。

❷ 直连通信接口。短距离直连通信场景下,V2X 通信系统面临着虚假信息、假冒终端、信息篡改/重放、隐私泄露等安全风险,直接威胁着用户的安全。

(2)业务应用　V2X 业务应用包括基于云平台的业务应用以及基于 PC5/V5 接口的直连通信业务应用。基于云平台的应用以蜂窝通信为基础,在流程、机制等方面与移动互联网通信模式相同,存在假冒用户、假冒业务服务器、非授权访问、数据泄露等安全风险;基于直连通信的应用以网络层 PC5 广播通道为基础,在应用层通过 V5 接口实现,该场景下主要面临着假冒用户、消息篡改/伪造/重放、隐私泄露、消息风暴等安全风险。

(3)车载终端　车载终端除了具备传统的导航能力,未来更是将集成移动办公、车辆控制、辅助驾驶、自动驾驶等功能。功能的高度集成也使得车载终端更容易成为黑客攻击的目标,造成信息泄露、车辆失控等重大安全问题。因此车载终端面临着比传统终端更大的安全风险。

(4)路侧设备　路侧设备是 V2X 智能网联系统的核心单元,它的安全关系到车辆、行人和道路交通的整体安全。它面临非法接入、运行环境风险、设备漏洞、远程升级风险和部署维护风险等。

3.2.8 V2X 通信技术的应用场景及技术要求

(1)辅助驾驶应用场景及技术要求

❶ 辅助驾驶应用场景(表 3-1):实现车辆、路侧基础设施、行人等交通参与者之间的实时状态共享,辅助驾驶员进行决策。

表 3-1　辅助驾驶应用场景

类别	应用名称
安全	前向碰撞预警
	交叉路口碰撞预警
	左转辅助
	盲区预警/变道辅助
	逆向超车预警
	紧急制动预警
	异常车辆提醒
	车辆失控预警
	道路危险状况提示
	限速预警
	闯红灯预警
	弱势交通参与者碰撞预警
效率	绿波车速引导
	车内标牌
	前方拥堵提醒
	紧急车辆提醒
信息服务	汽车近场支付

图 3-31 所示为基于 V2V 的交叉路口碰撞预警。交叉路口碰撞预警是指当主车驶向交叉路口，与侧向车辆在交叉路口存在碰撞危险时，应对主车驾驶员

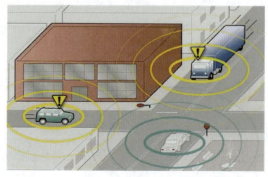

图 3-31　基于 V2V 的交叉路口碰撞预警

进行预警，避免或减轻侧向碰撞。其中交叉路口包括十字路口、丁字路口、环岛、高速匝道等。

图 3-32 所示为基于 V2P 的弱势交通参与者碰撞预警。弱势交通参与者碰撞预警是指汽车在行驶过程中，若发现与弱势交通参与者存在碰撞危险，则对驾驶员进行预警，避免或减轻碰撞危险。其中 P 可为行人、自行车等，P 具备短程无线通信能力；若 P 不具备通信能力，则路侧单元（RSU）可通过雷达、视觉传感器检测周边 P，并广播 P 的相关信息。

图 3-32　基于 V2P 的弱势交通参与者碰撞预警

❷ 辅助驾驶应用场景技术要求。辅助驾驶应用场景对通信网络、数据处理、定位等提出了具体的要求。

a. 在通信方面，时延要求小于 100ms，在特殊情况下小于 20ms，可靠性需达到 90%～99%；典型数据包大小为 50～300B，最大为 1200B。

b. 在数据处理方面，据统计，单车产生的数据每天约为 GB 级。对大量车辆、道路、交通等数据的汇聚，需要满足海量数据储存的需求，同时对这些数据提出实时共享、分析和开放的需求。

c. 在定位方面，定位精度应满足车道级定位，即米级定位的要求，并且车辆需要获取道路拓扑结构。

（2）自动驾驶应用场景及技术要求

❶ 自动驾驶应用场景（表 3-2）：车辆与车辆、车辆与路侧基础设施、车辆与云端的协同控制，增强信息交互复杂程度，可实现协同自动驾驶与智慧交通的应用；基于通信与计算技术的提升，交通参与者之间可以实时传输高精度视觉传感器数据，甚至是局部动态高精度地图数据，提高感知精度与数据丰富程度。

表 3-2　自动驾驶应用场景

类别	应用名称
安全	协作式变道
	协作式匝道汇入
	协作式交叉口通行
	感知数据共享/车路协同感知
	道路障碍物提醒
	慢行交通轨迹识别及行为分析
效率	车辆编队
	协作式车队管理
	特殊车辆信号优先
	动态车道管理
	车辆路径引导
	场站进出服务
	基于实时网联数据的交通信号配时动态优化
	高速公路专用道柔性管理
	智能停车引导
信息服务	浮动车数据采集
	差分数据服务
	基于车路协同的主被动电子收费
	基于车路协同的远程软件升级

❷ 自动驾驶应用场景技术要求。自动驾驶应用场景对通信网络、信息交互、数据处理、定位等提出新的要求。

a. 在通信方面，单车上下行数据速率需大于 10Mbit/s，部分场景需达 50Mbit/s，时延需为 3～50ms，可靠性需大于 99.999%。

b. 在信息交互方面，需实时交互车辆、道路、行人的全量数据，利用多传感器融合技术获取实时动态交通高精度地图。

c. 在数据处理方面，单车每天将产生上千 TB 级的数据，对数据的存储、分析等计算能力提出更高的要求。

d. 在定位方面，需达到亚米级甚至厘米级的定位精度。

第 4 章

智能网联汽车导航定位技术

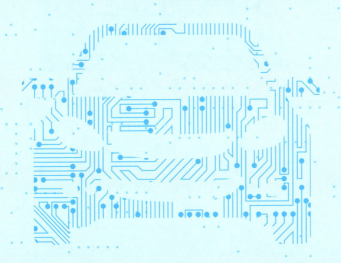

4.1 导航定位系统

（1）导航定位系统的定义　导航定位系统是负责实时提供智能网联汽车的运动信息（包括位置、速度、姿态、加速度、角速度等）的系统，一般采用的是多传感器融合定位的方式。智能网联汽车的导航定位通过全球定位系统（GPS）、北斗导航卫星系统（BDS）、惯性导航系统、视觉 SLAM、激光 SLAM 等，获取车辆的位置和航向信息（图4-1）。

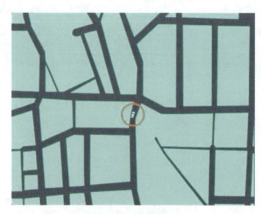

图 4-1　导航定位

❶ 绝对定位，是指采用双天线，通过 GPS 或 BDS 等的卫星获得车辆在地球上的绝对位置和航向信息。

❷ 相对定位，是指根据车辆的初始位姿，通过惯性导航获得车辆的加速度和角加速度信息，将其对时间进行积分，得到相对初始位姿的当前位姿信息。

❸ 组合定位，是将绝对定位和相对定位进行结合，以弥补单一定位方式的不足。

L1、L2 级，仅需要实现 ADAS，具备导航级精度即可。

L3 ～ L5 级，实现自动驾驶，需要厘米级精度导航。

智能网联汽车的导航定位技术主要有全球定位系统（GPS）、北斗导航卫星系统（BDS）、惯性导航系统（INS）、通信基站定位、视觉 SLAM 定位、激光 SLAM 定位和高精度地图定位等。

（2）全球导航卫星定位系统的类型　美国的全球定位系统（GPS）、中国的北斗导航卫星系统（BDS）、俄罗斯的全球导航卫星系统（GLONASS，格洛纳斯)以及欧洲空间局的伽利略(GALILEO)导航卫星系统,如图4-2所示。

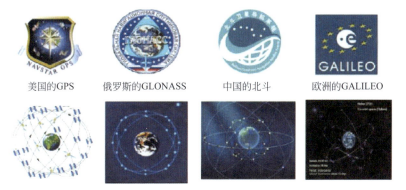

图 4-2　全球导航卫星定位系统

4.2　全球卫星定位技术

4.2.1　全球定位系统

(1)全球定位系统的定义　全球定位系统(GPS)是由美国国防部建设的基于卫星的无线电导航定位系统,如图4-3所示。它能连续为世界各地的陆海空用户提供精确的位置、速度和时间信息,最大优势是覆盖全球、全天候工作,可以为高动态、高精度平台服务,目前得到普遍应用。

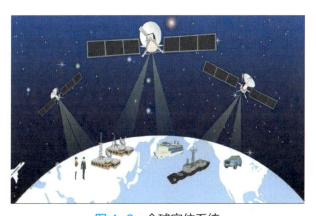

图 4-3　全球定位系统

（2）全球定位系统的组成　全球定位系统由卫星、地面监控设备、GPS 用户组成（图 4-4）。

❶ 卫星。大约有 30 颗 GPS 卫星在高度约 2 万千米的太空运行。

❷ 地面监控设备。分散在世界各地，用于监视和控制卫星，其主要目的是让系统保持运行，并验证 GPS 广播信号的精确度。

❸ GPS 用户。由 GPS 接收机和 GPS 数据处理软件组成。

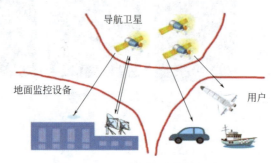

图 4-4　全球定位系统的组成

（3）全球定位系统的工作原理　GPS 定位时要求接收机至少接收到 4 颗卫星的距离观测值才能同时确定出用户所在空间位置及接收机时钟差（图 4-5）。

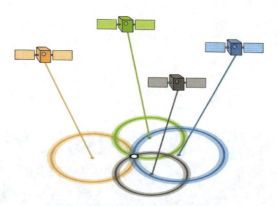

图 4-5　全球定位系统的工作原理

（4）全球定位系统的特点

❶ 全球全天候定位。因为 GPS 卫星数目较多，且分布均匀，保证了地球上任何地方在任何时间至少可以同时观测到 4 颗 GPS 卫星，确保实现全球全天候连续导航定位服务。

❷ 覆盖范围广。能够覆盖全球 98% 的地区，可满足位于全球各地或近地

空间用户连续精确地确定三维位置、三维运动状态和时间的需要。

❸ 定位精度高。GPS 相对定位精度在 50km 范围以内可达 6～10m，在 100～500km 范围内可达 7～10m，1000km 范围内可达 9～10m。

❹ 观测时间短。20km 以内的相对静态定位仅需 15～20min；快速静态相对定位测量中，当每个流动站与基准站相距 15km 以内时，流动站观测时间只需 1～2min；采取实时动态定位模式时，每站观测仅需几秒。

❺ 具有全球统一的三维地心坐标。同时精确测定测站平面位置和大地高程。

❻ 测站之间无须通视。只要求测站上空开阔，可省去经典测量中的传算点、过渡点等的测量工作。

4.2.2 差分全球定位系统

（1）**差分全球定位系统的定义**　差分全球定位系统（DGPS）是在 GPS 的基础上利用差分技术使用户能够从 GPS 系统中获得更高的精度；由基准站、数据传输设备和移动站组成（图 4-6）。

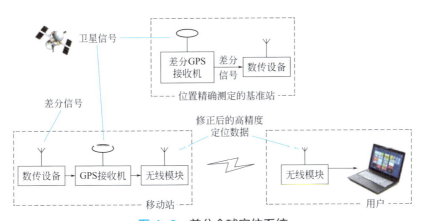

图 4-6　差分全球定位系统

（2）**差分全球定位系统的位置差分法原理**

❶ 安装在基准站上的 GPS 接收机观测 4 颗卫星后便可进行三维定位，解算出基准站的观测坐标。

❷ 由于存在着轨道误差、时钟误差、大气影响、多径效应以及其他误差等，解算出的观测坐标与基准站的已知坐标是不一样的，存在误差。

❸ 将已知坐标与观测坐标之差作为位置改正数，通过基准站的数据传输设备发送出去，由移动站接收，并且对其解算的移动站坐标进行改正。

位置差分法适用于用户与基准站间距离在100km以内的情况。

（3）差分全球定位系统的伪距差分法原理

❶ 利用基准站已知坐标和卫星星历可计算出基准站与卫星之间的计算距离，将计算距离与观测距离之差作为改正数，发送给移动站，移动站利用此改正数来改正测量的伪距。最后，用户利用改正后的伪距来解出本身的位置，就可消去公共误差，提高定位精度。

❷ 伪距差分能将两站公共误差抵消，但随着用户到基准站距离的增加，又出现了系统误差，这种误差是用任何差分法都不能消除的；用户和基准站之间的距离对精度有决定性影响。

（4）差分全球定位系统的载波相位差分法原理

❶ 载波相位差分（RTK）技术是建立在实时处理两个测站的载波相位基础上的，它能够实时地提供测站点在指定坐标系中的三维定位结果，并达到厘米级精度（图4-7）。

❷ 在RTK作业模式下，基站采集卫星数据，并通过数据链将其观测值和站点坐标信息一起传送给移动站，而移动站通过对所采集到的卫星数据和接收到的数据链进行实时载波相位差分处理（历时不足1s），得出厘米级的定位结果。

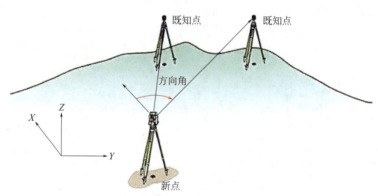

图 4-7　差分全球定位系统的载波相位差分法原理

4.2.3　GPS/DR 组合导航定位系统

（1）GPS/DR 组合导航定位系统的定义　由于车辆航位推算（DR）方法是一种常用的自主式车辆定位技术，因此 GPS/DR 组合导航定位系统在定位时不用发射接收信号，也不受电磁波影响，机动灵活，只要车辆能到达的地方都能定位。

DR 是利用载体上某一时刻的位置，根据航向和速度信息，推算得到当前时刻的位置，即根据实测的汽车行驶距离和航向计算其位置和行驶轨迹。它一般不受外界环境影响，但由于其本身误差是随时间积累的，故单独工作时不能长时间保持高精度。

（2）GPS/DR 组合导航定位系统的组成　GPS/DR 组合导航定位系统由 GPS 以及电子罗盘、里程计和导航计算机等组成（图 4-8）。

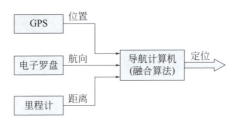

图 4-8　GPS/DR 组合导航定位系统的组成

（3）GPS/DR 组合导航定位系统的工作原理（图 4-9）　将 GPS 和 DR 的定位信息综合用于定位求解，通过卡尔曼滤波来补偿修正 DR 系统的状态，同时，滤波之后的输出又能够为 DR 系统提供较为准确的初始位置和航向角，从而能够获得比单独使用任意一种定位方法都更高的定位精度和稳定性。

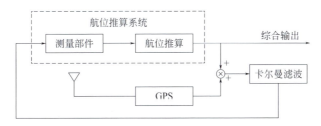

图 4-9　GPS/DR 组合导航定位系统的工作原理

4.3　北斗导航卫星系统

北斗导航卫星系统（BDS）是由中国自行研制开发的区域性有源三维卫星定位与通信系统，是继美国的 GPS、俄罗斯的 GLONASS 之后第三个成熟的卫星导航定位系统，如图 4-10 所示。北斗导航卫星系统致力于向全球用户提供高质量的定位、导航和授时服务，其建设与发展则遵循开放、自主、兼容、渐进这 4 项原则。

图 4-10 北斗导航卫星系统

北斗导航卫星系统由空间段、地面段和用户段三部分组成（图 4-11），可在全球范围内全天候、全天时为各类用户提供高精度、高可靠度的定位、导航、授时服务，并且具备短报文通信能力，已经初步具备区域导航、定位和授时能力，定位精度为分米、厘米级别，测速精度为 0.2m/s，授时精度为 10ns。

图 4-11 北斗导航卫星系统的组成

北斗导航卫星系统的特点：

❶ 空间段采用三种轨道卫星组成的混合星座，与其他卫星导航系统相比，高轨卫星更多，抗遮挡能力强，尤其在低纬度地区性能优势更为明显。

❷ 提供多个频点的导航信号，能够通过多频信号组合使用等方式提高服务精度。

❸ 创新融合了导航与通信功能，具备定位、导航、授时、星基增强、地基增强、精密单点定位、短报文通信和国际搜救等多种服务能力。

4.4 惯性导航系统

惯性导航系统（INS）是一种利用惯性传感器测量载体的角速度信息，并结合给定的初始条件实时推算速度、位置、姿态等参数的自主式导航系统。具体来说，惯性导航系统属于一种推算导航方式，即从一已知点的位置，根据连续测得的运动载体航向角和速度推算出其下一点的位置，因而可连续测出运动体的当前位置。

惯性导航系统一般采用加速度传感器和陀螺仪来测量载体参数（图 4-12）。

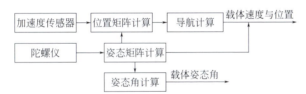

图 4-12　惯性导航系统测量载体

加速度传感器和陀螺仪，一个解决速度问题，一个解决方向问题，结合就得到惯性测量单元（IMU）。IMU 的一个重要特征在于它以高频率更新，其频率可达到 1000Hz，所以 IMU 可以提供接近实时的位置信息。

惯性导航系统可以看成是 IMU（图 4-13）与软件的结合。通过内置的微处理器，能够以最高 200Hz 的频率输出实时的高精度三维位置、速度、姿态信息。

图 4-13　惯性测量单元

惯性导航系统的作用（图 4-14）如下。

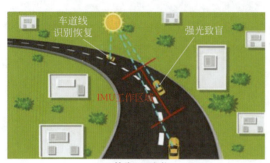

(a) 替代GPS定位　　　　　　　(b) 与激光雷达组合定位

图 4-14　惯性导航系统的作用

❶ 弥补 GPS 的空缺。在 GPS 信号丢失或者很弱情况下，暂时填补 GPS 留下的空缺，用积分法取得最接近真实的三维高精度定位。

❷ 配合激光雷达。GPS+IMU 为激光雷达的空间位置和脉冲发射姿态提供高精度定位，建立激光雷达云点的三维坐标系。

惯性导航系统的优点：

❶ 由于它是不依赖于任何外部信息，也不向外部辐射能量的自主式导航系统，故隐蔽性好，也不受外界电磁干扰影响。

❷ 可全天候在全球任何地点工作。

❸ 能提供位置、速度、航向和姿态角数据，所产生的导航信息连续性好而且噪声低。

❹ 数据更新率高，短期精度和稳定性好。

惯性导航系统的缺点：

❶ 由于导航信息经过积分而产生，定位误差随时间而增大，长期精度差。

❷ 每次使用之前需要较长的初始对准时间。

❸ 不能给出时间信息。

4.5　通信基站定位系统

基站作为移动通信网络不可缺少的网元，是移动终端与移动网络之间交互的重要组成部分。随着移动通信网络的迅速发展，更多的移动终端接入到移动通信网络中，越来越多的基站被建立起来，几乎遍布世界的每一个角落，为终端用户提供通信服务。所以移动通信网络中最基本的定位技术就是基于基站的定位技术。

常用的基站定位技术包括到达角（AOA）定位法、到达时间（TOA）定位法、到达时间差（TDOA）定位法等。

4.5.1　AOA 定位法

AOA 定位法也称方位测量定位法，是由两个或多个基站（BS）接收到移动台（MS）的角度信息，然后计算移动台的位置（图 4-15）。

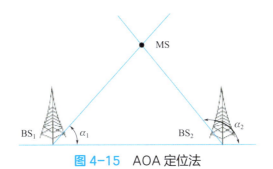

图 4-15　AOA 定位法

4.5.2　TOA 定位法

TOA 定位法是基于时间的定位方法，也称为圆周定位。它通过测量两点间电波传播时间来计算移动台的位置。如果能够获取三个以上基站到移动台的电波传播时间，就能得出移动台的位置（图 4-16）。

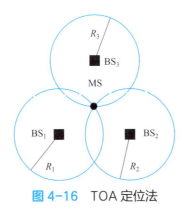

图 4-16　TOA 定位法

4.5.3 TDOA 定位法

TDOA 定位也称双曲线定位,它是利用移动台电波到达不同基站的时间不同,获取到达各个基站的时间差,建立方程组,求解移动台位置(图 4-17)。

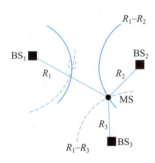

图 4-17 TDOA 定位法

4.6 即时定位与地图构建(SLAM)技术

SLAM 中文译作"即时定位与地图构建"。它是指搭载特定传感器的主体在没有环境先验信息的情况下,于运动过程中建立环境的模型,同时估计自己的运动。如果这里的传感器为相机,则为"视觉 SLAM";如果传感器为激光雷达,则为"激光 SLAM"。

4.6.1 视觉 SLAM 技术

视觉 SLAM 分为单目、双目、深度相机(RGB-D)。
(1)单目相机
优点:
❶ 应用最广,成本可以做到非常低。
❷ 体积小,标定简单,硬件搭建也简单。
❸ 可以用于室内和室外(有适当光照条件下)。
缺点:
❶ 具有纯视觉传感器的通病:在光照变化较大、纹理特征缺失、快速运动导致模糊的情况下无法使用("睁眼瞎")。

❷ SLAM 过程中使用单目相机有尺度不确定性，需要专门初始化。

❸ 必须通过运动才能估计深度（帧间匹配三角化）。

（2）双目相机

优点：

❶ 相比于单目相机，双目相机在静止时就能够根据左右相机视差图计算深度。

❷ 可测量距离可以用基线距离调节。基线距离越大，可测量距离越远。

❸ 可以用于室内和室外（有适当光照条件下）。

缺点：

❶ 双目相机标定相对复杂。

❷ 用视差计算深度比较消耗资源。

❸ 具有纯视觉传感器的通病：在光照变化较大、纹理特征缺失、快速运动导致模糊的情况下无法使用（"睁眼瞎"）。

（3）深度相机

优点：

❶ 使用物理测距方法测量深度，所以避免了纯视觉传感器的通病，在没有光照的情况下、快速运动的情况下都可以测距。这是非常大的优势。

❷ 相对双目相机，深度相机输出帧率较高，更适合运动场景。

❸ 输出深度值比较准，结合 RGB 信息，容易实现手势识别、人体姿态估计等应用。

缺点：

❶ 测量范围窄，易受日光干扰，通常只能用于室内场景。

❷ 在遇到透射材料、反光表面、黑色物体情况下表现不好，造成深度图缺失。

❸ 通常分辨率无法做到很高，目前主流分辨率为 VGA（640×480）。

❹ 标定比较复杂。

（4）视觉 SLAM 技术的框架　如图 4-18 所示。

❶ 视觉传感器数据。在视觉 SLAM 中主要为相机图像信息的读取和预处理。如果在机器人中，还可能有码盘、惯性传感器等信息的读取和同步。

❷ 视觉里程计，又称为前端。它能够通过相邻帧间的图像估计相机运动，并恢复场景的空间结构。被称为里程计是因为它只计算相邻时刻的运动，而和再往前的过去信息没有关联。相邻时刻运动串联起来，就构成了无人车的运动轨迹，从而解决了定位问题。另一方面，根据每一时刻的相机位置，计算出各像素对应的空间点的位置，就得到了地图。

❸ 后端，即非线性优化，主要是处理 SLAM 过程中噪声的问题。任何传

感器都有噪声，所以，除了要处理"如何从图像中估计出相机运动"，还要关心这个估计带有多大的噪声。

前端给后端提供待优化的数据，以及这些数据的初始值，而后端负责整体的优化过程，得到全局一致的轨迹和地图。它面对的往往只有数据，不必关心这些数据来自哪里。在视觉 SLAM 中，前端主要研究图像的特征提取与匹配等，后端则主要是滤波和非线性优化算法。

❹ 回环检测，是指无人车识别曾到达场景的能力。如果检测到回环，它会把信息提供给后端进行处理。回环检测实质上是一种检测观测数据相似性的算法。对于视觉 SLAM，多数系统采用目前较为成熟的词袋模型。词袋模型把图像中的视觉特征聚类，然后建立词典，进而寻找每个图中含有哪些"单词"。也有研究者使用传统模式识别的方法，把回环检测建构成一个分类问题，训练分类器进行分类。

❺ 建图。建图主要是根据估计的轨迹，建立与任务要求对应的地图。地图是对环境的描述，但这个描述并不是固定的，需要视 SLAM 的应用而定。地图按表示形式分主要有 2D 栅格地图、2D 拓扑地图、3D 点云地图和 3D 网格地图。

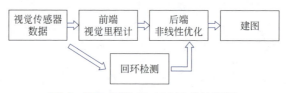

图 4-18 视觉 SLAM 技术的框架

4.6.2 激光 SLAM 技术

激光 SLAM 就是根据一帧帧连续运动的点云数据，从中推断出激光雷达自身的运动以及周围环境的情况。激光 SLAM 根据其所用的激光雷达的线束不同，可细分为 2D- 激光 SLAM 和 3D- 激光 SLAM。激光 SLAM 具有能够准确测量环境中目标点的角度与距离、无须预先布置场景、可融合多传感器、能在光线较差环境中工作、能够生成便于导航的环境地图等特点，成为目前定位方案中不可或缺的新技术。

在 SLAM 过程中，无人车通过激光雷达感知周围环境，并对周围环境进行重建，然后根据观测数据计算无人车当前的位姿，并结合无人车内部里程计、加速度计等传感器推算得到的位姿改变，以此对无人车进行精准的定位。

激光 SLAM 技术的框架如图 4-19 所示。

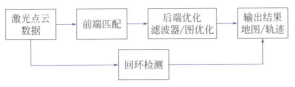

图 4-19 激光 SLAM 技术的框架

4.6.3 视觉 SLAM 与激光 SLAM 的区别

（1）成本　激光雷达普遍价格较高，而视觉 SLAM 主要是通过摄像头来采集数据信息，跟激光雷达一对比，摄像头的成本显然要低很多。但激光雷达能更高精度地测出障碍点的角度和距离，方便定位导航。

（2）应用场景　视觉 SLAM 的应用场景要丰富很多，在室内外环境下均能开展工作，但是对光的依赖程度高，在暗处或者一些无纹理区域是无法进行工作的。而激光 SLAM 目前主要被应用在室内，用来进行地图构建和导航工作。

（3）地图精度　激光 SLAM 构建的地图精度比视觉 SLAM 高，且能直接用于定位导航。

（4）易用性　激光 SLAM 是通过直接获取环境中的点云数据，根据生成的点云数据，测算哪里有障碍物以及障碍物的距离。但是基于单目、双目和鱼眼摄像机的视觉 SLAM 方案，则不能直接获得环境中的点云，而是形成灰色或彩色图像，需要通过不断移动自身的位置，通过提取和匹配特征点，利用三角测距的方法测算出障碍物的距离。

4.6.4 激光 SLAM 技术的应用实例

构建地图，如图 4-20 所示。

图 4-20　构建地图

4.7 电子地图技术

4.7.1 导航电子地图

（1）**导航电子地图的定义** 导航电子地图以 GPS 导航设备为依托，融入计算机技术、地理信息系统（GIS）技术、三维（3D）技术，以数字方式存储和查阅，可进行地理信息定位显示、索引、计算、引导，主要用于路径规划和导航（图 4-21）。

图 4-21 导航电子地图

（2）**导航电子地图的作用** 主要有定位显示、路径规划、路线索引和信息查询。

（3）**导航电子地图的特点**
❶ 支持导航区域的相对无限性，覆盖范围足够广。
❷ 高精度，多尺寸。
❸ 以路网为主，合理准确地表达空间关系。
❹ 支持实时、动态的快速显示。
❺ 现实性好，更新周期短。

4.7.2 高精度地图

（1）**高精度地图的定义** 高精度地图就是精度更高、数据维度更多的电子地图。精度更高体现在精确到厘米级别。数据维度包括：道路数据，比如车道线的位置、类型、宽度、坡度和曲率等车道信息；车道周边的固定对象信息，比如交通标志、交通信号灯等信息，车道限高、下水道口、障碍物及其他道路细节，防护栏、道路边缘类型、路边地标等基础设施信息（图4-22）。

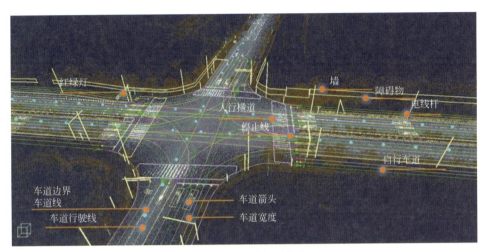

图4-22 高精度地图

（2）高精度地图的作用 如图4-23所示。

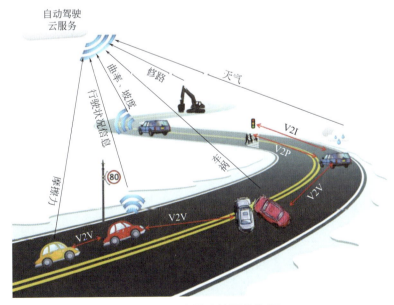

图4-23 高精度地图的作用

❶ 高精度定位。把自动驾驶汽车上传感器感知到的环境信息与高精度地图进行对比，得到车辆在地图中的精确位置，这是路径规划与决策的前提。

❷ 辅助环境感知。在高精度地图上标注详细道路信息，辅助汽车在感知过程中进行验证。比如车辆传感器感知到前方道路上的坑洼，可以跟高精度地图中的数据进行对比，如果地图中也标记了同样的坑洼，就能起到验证判断的作用。

❸ 规划与决策。利用云平台了解传感器感知不到区域（如几千米外）的路况信息，以提前避让。

4.7.3 高精度地图与导航电子地图的区别

（1）使用对象　导航电子地图的使用者是驾驶员，有显示；高精度地图的使用者是自动驾驶系统，无显示。

（2）精度　导航电子地图的精度在米级别，商用GPS精度为5m；高精度地图的精度在厘米级别，可以达到10～20cm级别。

（3）数据维度　导航电子地图数据只记录道路级别的数据，如道路形状、坡度、曲率及铺设方向等；高精度地图不仅增加了车道属性相关（车道线类型、车道宽度等）数据，更有诸如高架物体、防护栏、树、道路边缘类型、路边地标等大量目标数据，能够明确区分车道线类型、路边地标等细节。

（4）功能　导航电子地图起的是辅助驾驶的导航功能；高精度地图通过"高精度高动态多维度"数据，起的是为自动驾驶提供自变量和目标函数的功能。

（5）数据的实时性　高精度地图更新频率快，动态数据的更新频率为1s；导航电子地图更新频率慢，静态数据更新频率为1个月。

（6）所属系统　导航电子地图属于信息娱乐系统；高精度地图属于车载安全系统。

第 5 章

智能网联汽车线控技术

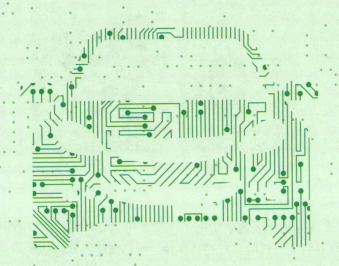

5.1 汽车线控转向技术

（1）**汽车线控转向系统的相关定义**　线控技术就是将传统的汽车机械操纵系统变成通过高速容错通信总线与高性能CPU相连的电气系统。目前的线控技术包括线控换挡系统、线控制动系统、线控悬架系统、线控油门系统及线控转向系统。在自动驾驶汽车上，智能感知单元通过线束将指令传递给转向或制动系统来实现车辆的操控，因此，线控转向和线控制动是最为关键的技术。无论是哪类线控技术，目标都很明确，即让汽车结构更简单、质量更轻、制造更方便、运行更高效。对于自动驾驶汽车，线控将是一种标配性技术。

汽车线控转向技术就是把依靠转向管柱连接转向机构来实现转向的传统方式，转换成为通过传感器检测转向盘角度信号，并通过电脑控制伺服电机来实现驱动转向的转向系统[即汽车线控转向系统（图5-1）]。驾驶员对转向盘的操作仅仅是在驱动一个转角传感器，并由转向盘电机提供转动阻尼和回馈，转向盘与前轴转向机构之间没有任何刚性连接。

图 5-1　汽车线控转向系统

（2）**汽车线控转向系统的特点**

❶ 汽车线控转向系统采用电子控制单元实现对汽车转向的控制，理论上可以自由设计转向系统的角传递特性和力传递特性，具有传统转向系统不可比拟的性能特点。

❷ 提高汽车操纵稳定性。汽车线控转向系统不受传统转向系统设计方式的限制，可以设计出符合人们期望的理想传动比。汽车线控转向系统还可以实时监控前轮转角和汽车响应情况，并根据控制策略，主动做出补偿操作，提高了汽车操纵稳定性。

❸ 优化驾驶路感。汽车线控转向系统可以筛选掉路面颠簸等不利的干扰因素，提取出最能够反映汽车实际行驶状态和路面信息的因素，作为路感模拟的依据，并考虑到驾驶员的习惯，由主控制器控制路感电机产生良好的路感，改善驾驶员的驾驶体验。

❹ 节省空间，提高被动安全性。机械部件的减少，增加了驾驶员的活动空间，并方便了车内布置的设计；降低了转向系统强度，使其在碰撞中更易变形，在汽车发生事故时，减少了转向系统对驾驶员的伤害。

❺ 提高转向效率，降低能源消耗。汽车线控转向系统不依赖于机械传递，其总线信号的传递速度缩短了转向响应时间，转向效率提高。同时，机械传动减少，传动效率提高，整车质量减轻，降低了燃油消耗，更加节能环保。

❻ 无人驾驶汽车使用线控转向系统，是通过中央计算机收集数据并传输至转向系统，再由转向系统将数据转化为机械转向功能，实现转向。

（3）汽车线控转向系统的组成　汽车线控转向系统，主要由转向盘模块、转向执行模块和 ECU 三个主要部分以及自动防故障系统、电源系统等辅助模块组成（图 5-2）。

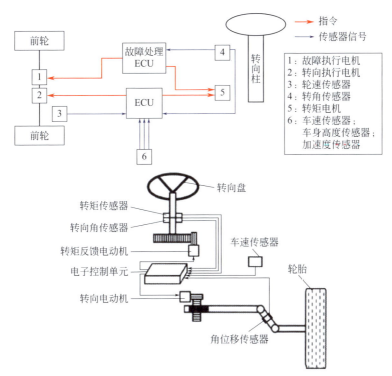

图 5-2　汽车线控转向系统的组成

❶ 转向盘模块包括转向盘、转向盘转角传感器、转矩电机。其主要功能是将驾驶员的转向意图，通过测量转向盘转角转换成数字信号并传递给主控制器；同时接收 ECU 送来的力矩信号产生转向盘回正力矩，向驾驶员提供相应的路感信号。

❷ 转向执行模块包括转角传感器、转向执行电机、转向电机控制器和前轮转向组件等，其主要功能是接受 ECU 的命令，控制转向电机实现要求的前轮转角，实现驾驶员的转向意图。

❸ ECU 对采集的信号进行分析处理，判别汽车的运动状态，向转矩电机和转向执行电机发送命令，控制两个电机的工作，其中转向执行电机完成车辆航向角的控制，转矩电机模拟产生方向盘回正转矩以保障驾驶员驾驶感受。

❹ 电源系统，承担控制器、执行电机以及其他车用电机的供电任务，用以保证电网在大负荷下稳定工作。

❺ 自动防故障系统，是保证在线控转向系统故障时，提供冗余式安全保障。它包括一系列监控和实施算法针对不同的故障形式和等级做出相应处理，以求最大限度地保持汽车的正常行驶。当检测到 ECU、转向执行电机等关键零部件产生故障时，故障处理 ECU 自动工作，首先发出指令使 ECU 和转向执行电机完全失效，其次紧急启动故障执行电机以保障车辆航向的安全控制。

（4）汽车线控转向系统的原理　当转向盘转动时，转向盘转矩传感器和转向角传感器将测量到的驾驶员转动转向盘的转矩和转向盘的转角转变成电信号输入到电子控制单元（ECU），ECU 依据车速传感器和安装在转向传动机构上的角位移传感器的信号来控制转矩反馈电动机的旋转方向，并根据转向力模拟生成反馈转矩，同时控制转向电动机的旋转方向、转矩大小和旋转角度，通过机械转向装置控制转向轮的转向位置，使汽车沿着驾驶员期望的轨迹行驶。

汽车线控转向系统取消了部分传统的机械式转向装置，转向盘和转向轮之间无机械连接，可以减轻车体重量，消除路面冲击，具有降低噪声和隔震等优点。

5.2　汽车线控制动技术

（1）汽车线控制动系统的定义　汽车线控制动（brake by wire，BBW）系统，是智能网联汽车"控制执行层"的必要关键技术，为智能网联汽车实现自主停车提供了良好的硬件基础，是实现高级自动驾驶的关键部件之一，如图 5-3 所示。如果制动踏板只连接一个制动踏板位置传感器，踏板与制动系统之间没有任何刚性连接或液压连接的，都可以视为线控制动。

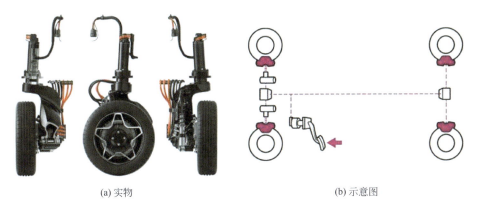

(a) 实物　　　　　　　　　　　　　　(b) 示意图

图 5-3　汽车线控制动系统

线控制动是自动驾驶汽车"控制执行层"中最关键的，也是技术难度最高的部分。由于技术发展程度的局限，目前出现了两种形式的线控制动系统：电子液压制动系统（EHB）和电子机械制动系统（EMB），如图 5-4 所示。

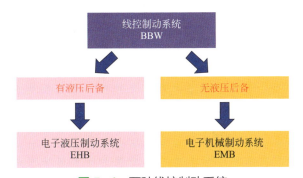

图 5-4　两种线控制动系统

传统制动系统与线控制动系统的区别如图 5-5 所示。线控制动技术在 F1 赛车上的应用已经非常成熟，但因其成本及技术问题，并未在乘用车上普及。早期的宝马 M3，曾经采用过线控制动系统这种制动方式。

由于线控制动通过 ECU 实现系统控制，ECU 的可靠性、抗干扰性、容错性以及多控制系统之间通信的实时性，都有可能对制动控制产生影响，制约了线控制动系统的应用与推广。

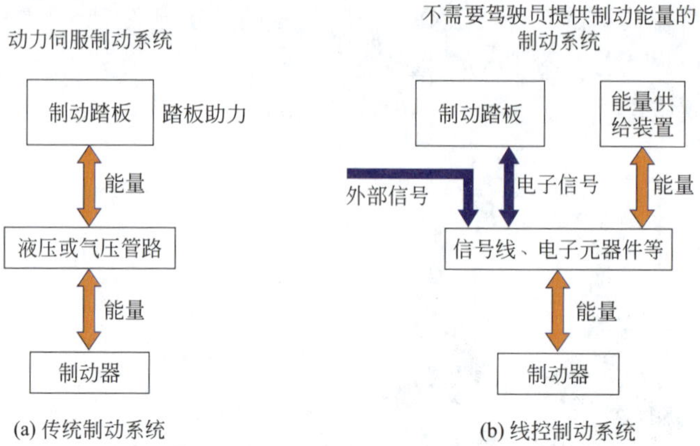

```
                动力伺服制动系统              不需要驾驶员提供制动能量的
                                                      制动系统

                ┌─────────┐                    ┌─────────┐   ┌─────────┐
                │ 制动踏板 │ 踏板助力            │ 制动踏板 │   │ 能量供  │
                └─────────┘                    └─────────┘   │ 给装置  │
                     ↕ 能量                         ↕         └─────────┘
                                            外部信号  电子信号    ↕ 能量
                ┌─────────────┐                ┌─────────────────┐
                │液压或气压管路│                │信号线、电子元器件等│
                └─────────────┘                └─────────────────┘
                     ↕ 能量                         ↕ 能量
                ┌─────────┐                    ┌─────────┐
                │ 制动器  │                    │ 制动器  │
                └─────────┘                    └─────────┘

                  (a) 传统制动系统                (b) 线控制动系统
```

图 5-5 传统制动系统与线控制动系统的区别

（2）**汽车线控制动系统的特点** 汽车线控制动系统的制动踏板与制动执行机构解耦，可以降低部件的复杂性，减少液压与机械控制装置，减少杠杆、轴承等金属连接件，减轻质量，降低油耗和制造成本。

汽车线控制动系统具有精确的制动力调节能力，是电动汽车摩擦与回馈耦合制动系统的理想选择。基于汽车线控制动系统，不仅可以实现更高品质的 ABS/ESC/EPB 等高级安全功能控制，而且可以满足先进汽车智能系统对自适应巡航、自动紧急制动、自动泊车、自动无人驾驶等的要求。

EMB 的优点：

❶ 执行机构和制动踏板之间无机械或液压连接，缩短了制动器的作用时间，作用时间在 100ms 以内，有效减小制动距离。

❷ 不需要助力器，减少空间，布置灵活。

❸ 没有液压系统，系统质量小且环保。

❹ 在 ABS 模式下无回弹振动，可以消除噪声。

❺ 便于集成电子驻车、防抱死、制动力分配等附加功能。

EMB 的缺点：

❶ 无液压备用制动系统，对可靠性要求极高，包括稳定的电源系统、更高的总线通信容错能力和电子电路的抗干扰能力。

❷ 制动力不足。轮毂处布置体积有限，决定了制动电机不可能太大，需开发配备较高电压（42V）系统提高电机功率。

❸ 工作环境恶劣，特别是要承受高温。部件振动频率高，且制动温度达几百摄氏度，制约了现有 EMB 零部件的设计。

（3）**汽车线控制动系统的组成与原理** 它是将原有的制动踏板机械信号通

过改装转变为电控信号,通过加速踏板位置传感器接收驾驶员的制动意图,产生制动电控信号并传递给控制系统和执行机构,并根据一定的算法模拟踩踏感觉反馈给驾驶员。根据工作原理的不同,线控制动控制技术分为电子液压制动系统(EHB)、电子机械制动系统(EMB)。

❶ 电子液压制动系统(EHB)。EHB,是electronic hydraulic brake(电子液压制动)的缩写,此处用它来指代电子液压制动系统。电子液压制动系统是从传统的液压制动系统发展来的。但与传统制动方式的不同点在于,EHB以电子元件替代了原有的部分机械元件,将电子系统和液压系统相结合,是一个先进的机电液一体化系统,其控制单元及执行机构布置集中。因为使用制动液作为制动力传递的媒介,也称之为集中式、湿式制动系统。EHB主要由电子踏板、电子控制单元(ECU)、液压执行机构等部分组成,如图5-6所示。电子踏板是由制动踏板和踏板传感器(踏板位移传感器)组成。加速踏板位置传感器用于检测踏板行程,然后将位移信号转化成电信号传给ECU,实现踏板行程和制动力按比例进行调控。

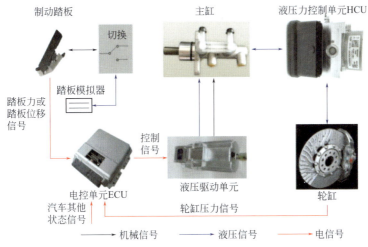

图 5-6 电子液压制动系统(EHB)结构图

当正常工作时,制动踏板与制动器之间的液压连接断开,备用阀处于关闭状态。ECU通过传感器信号判断驾驶员的制动意图,并通过电机驱动液压泵进行制动。当电子系统发生故障时,备用阀打开,EHB变成传统的液压系统。制动踏板输入信号后驱动制动主缸中的制动液通过备用阀流入连接各个车轮制动器的制动轮缸,进入常规的液压系统制动模式,保证车辆制动的必要安全。

EHB通过软件集成如ABS(防抱死制动系统)、ESP(车身电子稳定系统)、

TCS（牵引力控制系统）等功能模块，可以进一步提高行车的安全性及舒适性。当制动器涉水后，EHB 系统可以通过适当的制动动作，恢复制动器的干燥，保持制动器的工作性能。与传统的液压或气压制动系统相比，EHB 系统提高了制动系统的安全性，使车辆在线控制动系统失效时还可以进行制动。但是备用系统中仍然包含复杂的制动液传输管路，使得 EHB 并不完全具备线控制动系统的优点。

❷ 电子机械制动系统（EMB）。EMB，即 electronic mechanical brake（电子机械制动）的缩写，此处用它来指代电子机械制动系统。电子机械制动系统基于一种全新的设计理念，完全摒弃了传统制动系统的制动液及液压管路等部件，由电机驱动产生制动力，每个车轮上安装一个可以独立工作的电子机械制动器，也称为分布式、干式制动系统。EMB 系统主要由电子机械制动器、ECU 和传感器等组成，如图 5-7 所示。

EMB 结构极为简单紧凑，制动系统的布置、装配和维修都非常方便，同时由于减少了一些制动零部件，大大减轻了系统的重量。更为显著的优点是随着制动液的取消，汽车底盘使用、工作及维修环境得到很大程度的改善。

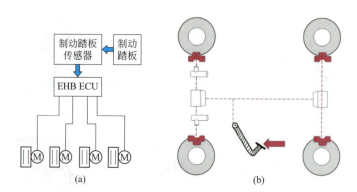

图 5-7 EMB 的结构图

EMB 工作时，制动控制单元 ECU 接收制动踏板传来的踏板行程信号，ECU 计算出踩制动踏板的速度信号并结合车辆速度、加速度等其他电信号，明确汽车行驶状态，分析各个车轮上的制动需求，计算出各个车轮的最佳制动力矩大小后输出对应的控制信号，分别控制各车轮上的电子机械制动器中工作电机的电流大小和转角，通过电子机械制动器中的减速增矩以及运动方向转换，将电机的转动转换为制动钳块的夹紧，产生足够的制动摩擦力矩。

EMB 系统的关键部件之一是电子机械制动器，它通过 ECU 改变输出电流的大小和方向以实现执行电机的转矩和运动方向的改变，将电机轴的旋转变换为制动钳块的开合，通过相应的机构或控制算法补偿由摩擦片的磨损造成的制动间隙变化。电子机械制动器按其结构特点和工作原理可以分为无自增力制动器、自增力制动器两大类。

a. 无自增力制动器（图5-8）。电动机通过减速增矩的机械执行机构产生夹紧力作用到制动盘上，制动力矩与制动盘和摩擦片之间的压力、摩擦系数成线性正相关，控制驱动电机轴转角大小即可实现对于制动转矩的控制，控制系统相对简单。制动器的工作性能稳定，但对于电机的功率要求较高，因而尺寸较大。

图5-8　无自增力制动器

b. 自增力制动器（图5-9）。在制动盘与制动钳块之间增加一个楔块，制动工作时，制动盘的摩擦力使楔块进一步楔入制动盘和制动钳块，增大夹紧力，从而产生自增力效果，产生更强的制动效能。该系统电机的功率较小，装置的体积和重量也较小，但是其制动效能取决于楔块的工作状况，因此对楔块的工艺及精度要求很高，不易加工，且其制动稳定性相对较差，难于控制。

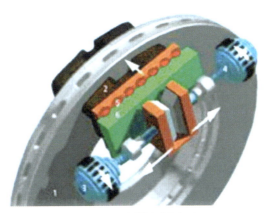

图5-9　自增力制动器

与 EHB 相比，EMB 中没有液压驱动部分，系统的响应速度更高，工作稳定性和可靠性更好，但由于完全采取线控的方式，不存在备用的制动系统，因而对系统的工作可靠性和容错要求更高。另外，使用电信号控制电机驱动，使制动系统的响应时间缩短；同时，传感器信号的共享以及制动系统和其他模块功能的集成，便于对汽车的所有行驶工况进行全面的综合控制，提高了汽车的行驶安全性。

（4）汽车线控制动系统的产品　德国博世公司于 2013 年正式推出线控制动产品 iBooster，是典型的直接型 EHB，大众公司目前所有新能源车均使用 iBooster（图 5-10）。它采用齿轮 - 梯形丝杠减速增矩机构，将电机的转动转化为制动总泵活塞的平动，建立制动（图 5-11）。

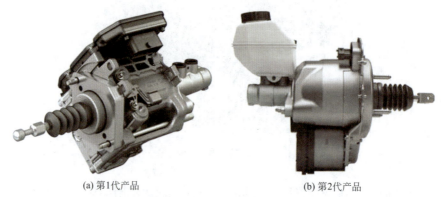

(a) 第1代产品　　　　(b) 第2代产品

图 5-10　博世公司线控制动产品 iBooster

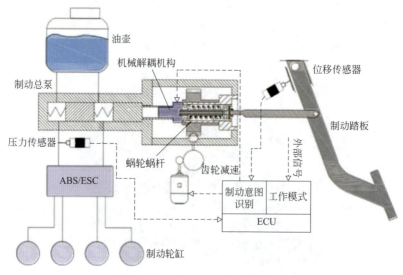

图 5-11　iBooster 的工作原理

针对 L3 和 L4 级自动驾驶设计了一套线控制动系统——IPB（图 5-12），就是 iBooster 和 ESP 合二为一，体积大大缩小，重量也降低不少，最重要的是相对于 iBooster 成本大大降低。

应用博世公司线控制动产品的车型主要有特斯拉全系、大众全部新能源车、保时捷 918、凯迪拉克 CT6、雪佛兰的 Bolt 和 Volt、本田 CR-V、法拉第未来 FF91、荣威 Ei5、比亚迪 e6、蔚来 ES8 等。

德国大陆集团的线控制动系统 MK C1 可实现 100% 的制动能量回收（图 5-13）。

采埃孚公司的集成式制动控制系统（IBC）将全电子制动控制系统和再生系统功能集成于单个一体化单元中，这是一款能够实现无真空支持的助力制动系统（图 5-14）。

图 5-12　博世公司的线控制动产品 IPB

图 5-13　大陆集团的线控制动系统 MK C1

图 5-14　采埃孚公司的集成式制动控制系统 IBC

5.3　汽车线控油门技术

（1）线控油门的定义　线控油门是指通过用线束（导线）来代替拉索或者拉杆，在节气门那边装一只微型电动机，用电动机来驱动节气门开度（图 5-15）。

图 5-15　油门

（2）汽车线控油门技术的特点

优点：

❶ 舒适性和经济性好。线控油门技术可根据驾驶员踩下踏板的动作幅度判断驾驶员意图，综合车况精确合理控制节气门开度，以实现不同负荷和工况下发动机的空燃比都能接近于最佳理论状态——14.7：1，使燃油经济性和驾驶舒适性同时达到最佳状态。

❷ 稳定性高且不易熄火。线控油门系统在收到踏板信号后会进行分析判断，再给节气门执行单元发送合适指令，保证车辆稳定行驶。

缺点：

❶ 工作原理较为复杂，成本提高。

❷ 有延迟效果，没有机械油门反应快。在装有线控油门系统的汽车中，驾驶员不能直接控制节气门开度，也就无法直接控制发动机动力大小，而是经由 ECU 分析给出汽车舒适性较好、较为省油的节气门控制指令，所以相对于直接控制式的机械油门会有稍许延迟感。

❸ 可靠性不如机械油门好。

（3）汽车线控油门系统的组成与原理　汽车线控油门系统主要由加速踏板、加速踏板位置传感器、ECU、数据总线、伺服电动机和加速踏板执行机构组成，如图 5-16 所示。该系统取消了加速踏板和节气门之间的机械结构，通过加速踏板位置传感器检测加速踏板的绝对位移。ECU 计算得到最佳的节气门开度后，输出指令驱动电机控制节气门保持最佳开度。

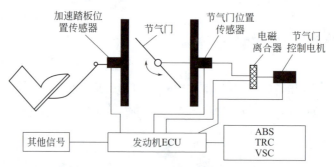

图 5-16　油电混合动力汽车线控油门系统的组成

"单踏板"就是一种集成了加速和制动功能的踏板，以控制车辆的加、减速。

"单踏板驾驶模式"并不是只有一个踏板，其踏板系统由一个"主踏板"和一个"辅助减速踏板"组成，其中"主踏板"可以实现的加减速能力能够满足日常的大部分车辆操作需要,"辅助减速踏板"是在"主踏板"制动减速不能实现驾驶员意图时的紧急制动踏板。

5.4 汽车线控驱动技术

目前,与智能网联汽车的两种主要类型相匹配,汽车线控驱动系统分为传统汽车线控驱动和电动汽车线控驱动两种类型。

(1) 传统汽车线控驱动系统 对于传统汽车而言,加速踏板的自动控制是实现线控驱动的关键,如图 5-17 所示。主要有以下两种方式。

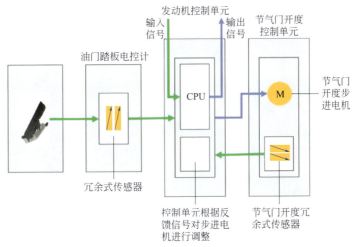

图 5-17 传统汽车线控驱动系统控制原理图

方式一(图 5-18):在加速踏板的位置增加一套执行机构,去模拟驾驶员踩加速踏板。同时还要增加一套闭环负反馈控制系统,输入是目标车速信号,实际车速作为反馈。通过控制系统计算,去控制执行机构具体动作。

方式二:接管节气门控制单元加速踏板的位置信号,只需要增加一套控制系统,输入目标车速信号,把实际的车速作为反馈,最后控制系统计算输出加速踏板位置信号给节气门控制单元。

(2) 电动汽车线控驱动系统 如图 5-19 所示,由于电动汽车整车控制单元(VCU)的主要功能是通过接收车速信号、加速度信号以及加速踏板位移信号,实现转矩需求的计算,然后发送转矩指令给电机控制单元,进行电机转矩的控

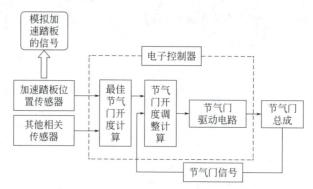

图 5-18 传统汽车线控驱动系统控制方式图

制,所以通过整车控制单元 VCU 的速度控制接口来实现线控驱动控制。

*主要功能
　1.所需的转矩计算
　2.转矩分配

图 5-19 电动汽车线控驱动系统控制原理图

5.5 汽车线控换挡技术

(1)线控换挡系统的定义　线控换挡(shift by wire,SBW)系统,是将现有的挡位与变速器之间的机械连接结构完全取消,通过电子系统执行器控制变速器的动作。线控换挡系统取代了传统的挡位操作模式,通过旋钮、按键等新式电子交互件控制车辆换挡,为智能网联汽车实现速度控制提供良好的硬件基础,也称为电子换挡系统。

线控换挡取消了传统的换挡操纵机构与变速器之间连接的拉索或推杆,变速杆和变速器之间无直接机械连接,可以简化系统的部分结构,便于设计换挡杆的位置与操作界面(例如,安装在仪表板上),使换挡操作更加轻便容易。

宝马汽车公司最早引入了线控换挡系统与其7速双离合器变速器相搭配,使得驾驶员换挡的动作变得简单、轻松,而且不会出现驻车P挡的卡滞问题,其变速杆形式如图5-20所示。

图5-20 宝马线控换挡系统变速杆

(2)汽车线控换挡系统的组成和工作原理 汽车线控换挡系统,主要由换挡操纵机构、换挡ECU、换挡执行模块、驻车控制ECU和挡位指示器等组成。

❶ 丰田混动车型线控换挡系统(图5-21)。人机交互通过换挡操纵杆和驻车开关实现。车辆正常行驶过程中涉及R、N、D三个挡位,驾驶员作用于变速杆的动作转换为执行电信号传递给混合动力系统HV ECU,经过HV ECU计算后向变速器输出对应的挡位信号,完成车辆行驶挡位的变换,同时仪表盘上的挡位指示器对应挡位信号灯亮起。

当驾驶员操控驻车开关时,混合动力系统HV ECU将采集到的执行电信号经计算传递给驻车控制ECU,驻车控制ECU通过磁阻式传感器时刻采集驻车执行器电机转角信号以判定车辆是否处于静止状态;若驻车执行器电机转角为0则执行驻车动作,仪表盘驻车指示灯亮起;反之,驻车控制ECU检测到电机转角信号不为0,驻车指令会被驳回到混合动力系统HV ECU且无法完成车辆驻车动作。

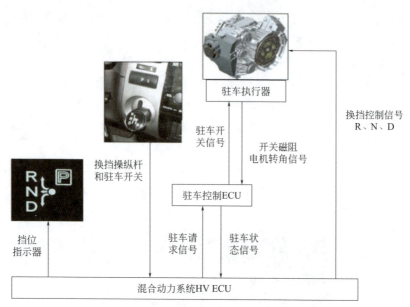

图 5-21　丰田混动车型的线控换挡系统的结构图

执行逻辑如下：

变速杆→混动 ECU→驻车执行器（R、N、D 三个挡位）→挡位指示器；

驻车开关→混动 ECU→驻车 ECU→驻车执行器（P 挡位）→P 挡位置指示器。

在该系统中，换挡操作是一种瞬时状态，驾驶员能够轻松舒适地操纵换挡。驾驶员松开变速杆后，变速杆立即返回到初始位置。因此，当驾驶员操纵变速杆换到某个目标挡位时，不需要考虑目前的挡位状态，车辆工作过程中挡位更换完成后，挡位指示器会准确显示当前挡位，使驾驶员意识到完全进行了换挡操作。

由于采用电控系统控制变速器的换挡操作，由各个部件协同工作实现换挡，可以有效地防止人为误操作，增强安全性。若换挡 ECU 检测到不正确的操作，会将挡位控制在安全的范围内，并且向驾驶员发出警告。

例如，只有当驾驶员踩下制动踏板时，才能从 P 位挂入其他的挡位；当汽车正在向前行驶时，若驾驶员将变速杆挂入 R 位，换挡 ECU 也会控制变速器置入空挡；当汽车正在倒车时，若驾驶员将变速杆挂入 D 位，换挡 ECU 也会控制变速器置入空挡，只有当制动踏板完全踩下时才能顺利地从 R 位切换为 D 位；当换挡 ECU 监测到变速杆不在 P 位时，将控制车辆不能切断电源。各个挡位之间的操作关系如表 5-1 所示。

表 5-1 丰田混动车型的线控换挡操作关系表

电源模式	动作	P	R	N	D	B
OFF	—		不可操作			
ACC	变速杆		不可操作			
ACC	按下停车开关	←	←	○		
IG-ON	变速杆	○ --→	--→	--→		
IG-ON	按下停车开关	←	←	○		
Ready	变速杆	○ --→ ○ --→ ○	← ○ →	← ○ →	← ○ →	← ○
Ready	按下停车开关	← ← ← ←	○		←	←

注：○表示当前挡位；← 表示可以换挡；←-- 表示当踩下制动踏板时，可以换挡。

❷ 奥迪 Q7 线控换挡系统。目前，奥迪 Q7 的线控换挡系统由挡杆盖罩、变速杆、解锁键、P 位键、防尘罩、换挡操纵机构盖板、换挡范围显示、换挡操纵机构和多组插接器组成（图 5-22）。

图 5-22 奥迪 Q7 线控换挡系统

奥迪 Q7 的线控换挡系统与丰田混动车型线控换挡系统不同，其变速杆的底部包含挡位位置锁止电磁阀和 Tiptronic 挡位锁止电机，用于支持复杂的安全换挡逻辑和用户体感交互（图 5-23）。

如图 5-24 所示，变速杆可分别向前和向后移动两个位置，当进入 D 位后，变速杆被底部的挡位位置锁止电磁阀通过锁止杆锁定。此时，变速杆将只能向后移动，在 D/S 位之间切换，而无法向前移动进入 N/R 位。

为了有效准确地识别变速杆的位置，线控换挡系统内部配备了多组位置传感器，分别用于感知自动挡位位置和 Tiptronic 挡位位置以及变速杆横向锁位置，以便基于挡位位置或换挡逻辑做出具体的换挡动作。

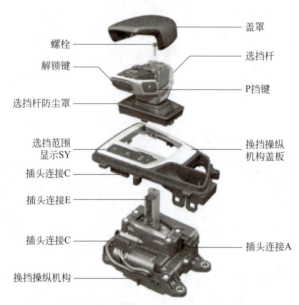

图 5-23　奥迪 Q7 线控换挡机构组成

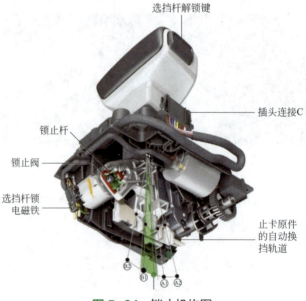

图 5-24　锁止机构图

5.6 汽车线控悬架技术

5.6.1 汽车线控悬架系统的定义

线控悬架（suspension by wire）系统，也称为主动悬架系统，是智能网联车辆的重要组成部分，可实现缓冲振动、保持平稳行驶的功能，直接影响车辆操控性能以及驾乘感受。

1980 年，BOSE 公司成功研发了一款电磁主动悬架系统。1984 年，电控空气悬架开始出现，林肯汽车成为第一个采用可调整线控空气悬架系统的汽车。目前，宝马汽车安装的"魔毯"悬架系统，凯迪拉克汽车安装的 MRC 主动电磁悬架系统，以及自适应空气悬架系统，均为线控悬架系统的不同形式。

奔驰新一代 S 级采用的 MAGIC BODY CONTROL 线控悬架系统，可以根据前方路面状况，自动调节减振器的阻尼系数、车身高度等车辆参数，悬架刚度、阻尼等关键参数跟随汽车载荷、行驶速度而变化（图 5-25）。

图 5-25　奔驰 MAGIC BODY CONTROL 线控悬架系统

5.6.2 汽车线控悬架系统的组成和工作原理

汽车线控悬架系统，主要由模式选择开关、传感器、ECU 和执行机构等部分组成，工作原理如图 5-26 所示。

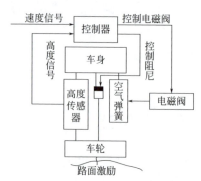

图 5-26　典型线控悬架系统工作原理示意图

传感器负责采集汽车的行驶路况（主要是颠簸情况）、车速，以及启动、加速、转向、制动等工况，并将其转变为电信号，经简单处理后传输给线控悬架 ECU。其中，主要涉及车辆的加速度传感器、高度传感器、速度传感器和转角传感器等关键传感器。

空气弹簧根据 ECU 的控制信号，准确、快速、及时地做出反应动作，包括气缸内气体质量、气体压力及电磁阀设定气压等关键参量的改变，实现对车身弹簧刚度、减振器阻尼以及车身高度的调节。线控悬架系统执行机构主要由执行器、阻尼器、电磁阀、步进电动机、气泵电动机等组成。

线控悬架系统的 ECU 可以实现减振器阻尼、空气弹簧刚度以及空气弹簧长度（车身高度）的控制等主要功能。

❶ 减振器阻尼和弹簧刚度的控制主要用于保证车身在多种工况下的稳定性和舒适性，具体包括防侧倾控制、防点头控制、防下蹲控制、高车速控制、不平整路面控制等，如图 5-27 所示。

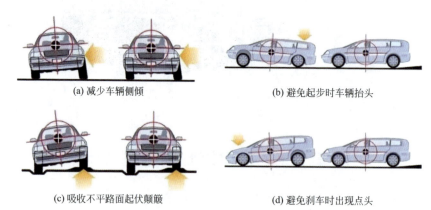

(a) 减少车辆侧倾　　　(b) 避免起步时车辆抬头

(c) 吸收不平路面起伏颠簸　　　(d) 避免刹车时出现点头

图 5-27　保证车身在多种工况下的稳定性和舒适性

❷ 车身高度的控制，主要是控制车身在水平方向的高度，包括静止状态控制、行驶工况控制及自动水平控制等。

a. 静止状态控制，是指车辆静止时，由于乘员和货物等因素引起车辆载荷的变化，线控悬架系统会自动改变车身高度，以减少悬架系统的负荷，改善汽车的外观形象。

b. 行驶工况控制。将车辆静态载荷和动态载荷综合考虑，当汽车高速行驶时，线控悬架系统主动降低车身高度以改善行车的操纵稳定性和气动特性；当汽车行驶在起伏不平的路面上时，主动升高车身以避免车身与地面或悬架的磕碰，同时改变悬挂系统的刚度以适应驾驶舒适性的要求。

c. 自动水平控制。在道路平坦开阔的行驶工况下，车身高度不受动态载荷和静态载荷影响，保持基本恒定的姿态，以保证驾乘舒适性和前大灯光束方向不变，提高行车的安全性。

美国 BOSE 公司推出的动力 - 发电减振器 PGSA（Power-Generating Shock Absorber），完全由线性电动机电磁系统 LMES（Linear Motion Electromagnetic System）组成电磁减振器，每个车轮单独配置一套该系统，组成车身独立悬挂系统（图 5-28）。

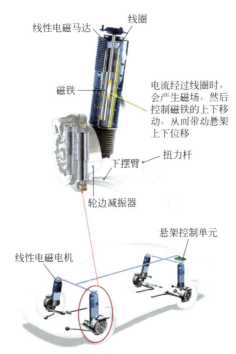

图 5-28 美国 BOSE 公司的动力 - 发电减振器 PGSA

其工作原理为：每个车轮的调节控制信号通过BOSE功率放大器进行放大，以改变驱动电机的工作电流，从而驱动电磁式线性电机改变悬架的伸缩状态。该系统不但可以为电机提供电流，而且可以在整车行驶工况下由电机发电产生电流为电动车电池充电，形成一套能量回收机制，非常有利于纯电力驱动的新能源汽车使用，可以增加蓄电池的电力，延长电动汽车的续驶里程。

5.6.3 汽车线控悬架系统的特点

线控悬架系统可以针对汽车不同的工况，控制执行器产生不同的弹簧刚度和减震器阻尼，既能满足平顺性和操纵稳定性的要求，也能保障驾乘的舒适性。

（1）优点

❶ 刚度可调，可改善汽车转弯侧倾、制动前倾和加速抬头等情况；

❷ 汽车载荷变化时，能自动维持车身高度不变；

❸ 在颠簸路面行驶时，能自动改变底盘高度，提高汽车的通过性；

❹ 可抑制制动点头和加速抬头现象，充分利用车轮与地面的附着条件，加速制动过程，缩短制动距离；

❺ 使车轮与地面保持良好的接触，提高车轮与地面的附着力，增加汽车抵抗侧滑的能力。

（2）缺点

❶ 结构复杂，故障的概率和频率远远高于传统悬架系统。由于线控悬架要求每一个车轮悬架都有控制单元，得到路面数据后的优化处理算法难度非常大，容易造成调节过度或失效。

❷ 由于采用空气作为调整底盘高度的"推进动力"，因此对减振器的密封性要求非常高。若空气减振器出现漏气，则整个系统将处于"瘫痪"状态；而且频繁地调整底盘高度，有可能造成气泵系统局部过热，大大缩短气泵的使用寿命。

5.7 汽车线控技术的应用

线控技术满足汽车"新四化"的需求，已成为行业公认的智能网联汽车的未来主流配置。智能网联汽车底盘的发展趋势是采用线控底盘（图5-29）。

图 5-29　汽车线控底盘

日产汽车公司发布的英菲尼迪 Q50 是全球范围内第一款批量生产的线控转向系统汽车，促进了线控转向技术在实车应用上的发展。英菲尼迪的线控转向系统从转向盘到转向齿条都采用直接数字信号输入，整个系统中没有转向万向节等可能造成"转向延迟"的机械部件，通过三组 ECU 的信号处理，对驾驶员的驾驶意图快速做出判断，实现更灵活的转向，驾驶的感受更加直接，转向盘也不会接收到地面对前轮的冲击。

沃尔沃 S60 也采用了线控制动科技，它将传统的真空助力器单元替换成效率更高、重量更轻的电子单元，有效降低了燃油消耗和排放，有效提高了燃油经济性。

第 6 章

智能网联汽车先进驾驶辅助技术

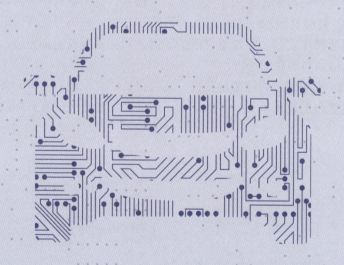

6.1 前向碰撞预警系统

（1）前向碰撞预警系统的定义　前向碰撞预警（FCW）系统是主要利用车载传感器（如视觉传感器、毫米波雷达等）实时监测前方车辆，判断本车与前车之间的距离、相对速度及方位，当系统判断为存在潜在危险时，将对驾驶员进行警告，提醒驾驶员进行制动，保障行车安全的先进驾驶辅助系统（图6-1）。

图6-1　前向碰撞预警系统

利用V2X通信技术及时在运行车辆之间交换和及时获取周围环境路况和车辆信息，通过碰撞预警算法判断是否存在碰撞危险，并根据危险级别提前报警，从而使驾驶员及时采取避撞措施，提高道路安全性（图6-2）。

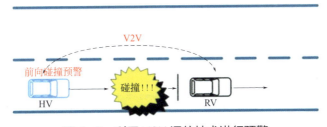

图6-2　利用V2X通信技术进行预警

（2）前向碰撞预警系统的组成　前向碰撞预警系统由信息采集、电子控制和人机交互三个单元组成（图6-3）。

（3）前向碰撞预警系统的原理　前向碰撞预警系统通过分析传感器获取的前方道路信息以对前方车辆进行识别和跟踪，如果有车辆被识别出来，则对前方车距进行测量；同时利用车速估计，根据安全车距预警模型判断追尾可能，一旦存在追尾危险，便根据预警规则及时给予驾驶员主动预警（图6-4）。

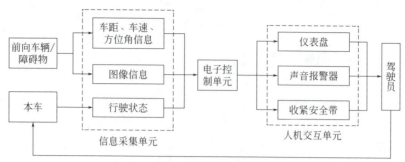

图 6-3 前向碰撞预警系统的组成

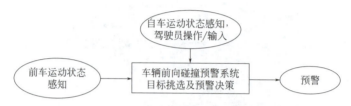

图 6-4 前向碰撞预警系统的原理

6.2 自动紧急制动系统

（1）自动紧急制动系统的定义　自动紧急制动（AEB）系统是基于环境感知传感器（如毫米波雷达或视觉传感器）感知前方可能与车辆、行人或其他交通参与者发生碰撞的风险，并通过系统自动触发执行机构来实施制动，以避免碰撞或降低碰撞程度的先进驾驶辅助系统（图6-5）。

图 6-5 自动紧急制动系统

（2）自动紧急制动系统的组成　自动紧急制动系统主要由行车环境信息采集单元、电子控制单元和执行单元等组成（图6-6）。

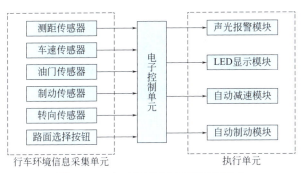

图6-6　自动紧急制动系统的组成

（3）自动紧急制动系统的原理　汽车AEB系统采用测距传感器测出与前车或障碍物的距离，然后利用电子控制单元将测出的距离与报警距离、安全距离等进行比较，小于报警距离时就进行报警提示，而小于安全距离时，即使在驾驶员没来得及踩制动踏板的情况下，AEB系统也会启动，使汽车自动制动，从而为安全出行保驾护航（图6-7）。

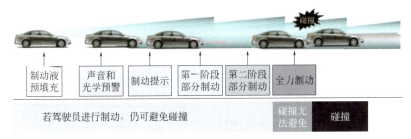

图6-7　自动紧急制动系统的原理

6.3　车道偏离预警系统

（1）车道偏离预警系统的定义　它是通过传感器获取前方道路信息，结合车辆自身的行驶状态以及预警时间等相关参数，判断汽车是否有偏离当前所处车道的趋势，如果车辆即将发生偏离，并且是在驾驶员没有开转向灯的情况下，则通过视觉、听觉或触觉的方式向驾驶员发出警报的先进驾驶辅助系统（图6-8）。

图 6-8　车道偏离预警系统

（2）车道偏离预警系统的组成　车道偏离预警（LDW）系统主要由信息采集单元、电子控制单元和人机交互单元等组成（图 6-9）。

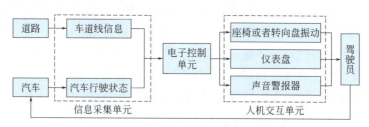

图 6-9　车道偏离预警系统的组成

（3）车道偏离预警系统的原理　车道偏离预警系统可以在行车的全程中自动或手动开启，以监控汽车行驶的轨迹。当系统正常工作时，信息采集单元将采集车道线位置、车速、汽车转向角等信息，电子控制单元将所有的数据转换到统一的坐标系下进行分析处理，从而获得汽车在当前车道中的位置参数，并判断汽车是否发生非正常的车道偏离（图 6-10）。如果驾驶员打开转向灯，正常进行变道行驶，则车道偏离预警系统不会做出任何提示。

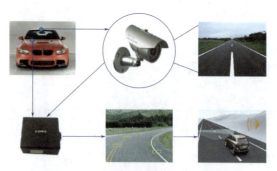

图 6-10　车道偏离预警系统的原理

6.4 车道保持辅助系统

（1）**车道保持辅助系统的定义** 车道保持辅助（LKA）系统是能够实时监测车辆与车道边线的相对位置，持续或在必要情况下控制车辆横向运动，使车辆保持在原车道内行驶，从而减轻驾驶员负担，减少交通事故的发生的先进驾驶辅助系统（图6-11）。

图 6-11 车道保持辅助系统

（2）**车道保持辅助系统的组成** 车道保持辅助系统主要由信息采集单元、电子控制单元和执行单元等组成，如图6-12所示。在系统工作期间，驾驶员将会接收车道偏离的报警信息，并选择对转向系统和制动系统中的一项或多项动作进行控制，也可交由系统完全控制。

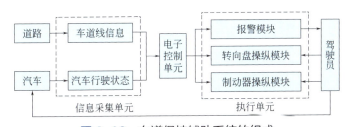

图 6-12 车道保持辅助系统的组成

（3）**车道保持辅助系统的原理** 它可以在行车的全程或速度达到某一阈值后开启，并可以手动关闭，实时保持汽车的预定行驶轨迹（图6-13）。信息采集单元通过车载传感器采集车速、转向盘转角信息。电子控制单元对信息进行处理，判断汽车是否偏离行驶车道：当汽车行驶可能偏离车道线时，发出报警信息；当汽车距离偏离一侧的车道线小于一定阈值或已经有车轮偏离出车道线时，施加操舵力和制动力，使汽车稳定地回到正常轨道。若驾驶员打开转向灯，正常进行变线行驶，则系统不会给出任何提示。

车道保持辅助系统的工作过程：图 6-13 中后面起第二个车影已经偏离了行驶轨道，系统发出报警信息；第三个和第四个车影是系统主动进行车道偏离纠正；到第五个车影时，汽车已经重新处于正确行驶线路上。

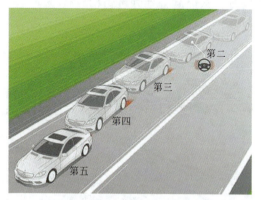

图 6-13　车道保持辅助系统的原理

6.5　盲区监测系统

（1）盲区监测系统的定义　盲区监测（BSD）系统也称汽车并线辅助（LCA）系统，是通过摄像头、毫米波雷达等车载传感器检测视野盲区内有无来车，在左右两个后视镜内或其他地方提醒驾驶员后方安全范围内有无来车，从而消除视线盲区，提高行车安全性的先进驾驶辅助系统（图 6-14）。

（2）盲区监测系统的组成

❶ 信息采集单元。利用车载传感器检测汽车盲区里是否有行人或其他行驶车辆，并把采集到的有用信息传输给电子控制单元。传感器有超声波传感器、摄像头或探测雷达等；后视镜盲区的信息采集单元一般采用毫米波雷达，A 柱盲区的信息采集单元一般采用摄像头。

❷ 电子控制单元。对采集到的信息进行分析判断，向预警显示单元发送信息。

❸ 预警显示单元。接收电子控制单元的信息，如果有危险，则发出预警显示，此时不可变道。

图 6-14 盲区监测系统

（3）盲区监测系统的原理　盲区监测系统通过安装在车辆尾部或侧方的传感器（视觉传感器、毫米波雷达）检测后方来车或行人，电子控制单元对于传感器采集的信息进行分析处理，如果盲区内有车辆或行人，预警显示单元会通过发出报警声音或在后视镜中显示报警信息等方式告知驾驶员（图 6-15）。

图 6-15 盲区监测系统的原理

6.6 自适应巡航控制系统

（1）自适应巡航控制系统概述　在汽车行驶过程中，车距传感器持续扫描汽车前方道路，同时轮速传感器采集车速信号；当前汽车与前方车辆之间的距离小于或大于安全车距时,自适应巡航控制(ACC)系统的控制单元通过与制动系统、发动机控制系统协调动作,改变制动力矩和发动机输出功率,对汽车行驶速度进行控制,始终保持安全车距行驶(图6-16)。

图6-16 自适应巡航控制系统

(2)自适应巡航控制系统的组成 燃油汽车ACC系统的组成:信息感知单元、电子控制单元、执行单元、人机交互界面,如图6-17所示。电动汽车ACC系统的组成:信息感知单元、电子控制单元、执行单元、人机交互界面,如图6-18所示。

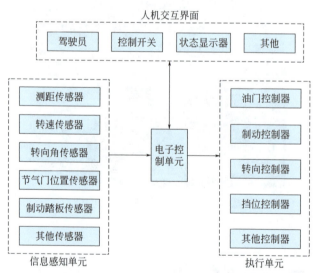

图6-17 燃油汽车ACC系统的组成

(3)自适应巡航控制系统的原理 如图6-19所示。

❶ 燃油汽车ACC系统的工作原理。驾驶员启动ACC系统后,在汽车行

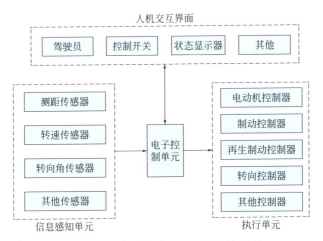

图 6-18 电动汽车 ACC 系统的组成

驶过程中,安装在汽车前部的车距传感器持续扫描汽车前方道路,同时轮速传感器采集车速信号。当主车前方没有车辆或与前方目标车辆距离很远且速度很快时,控制模式选择模块就会激活巡航控制模式,ACC 系统将根据驾驶员设定的车速和轮速传感器采集的本车速度来自动调节加速踏板等,使得主车达到设定的车速并巡航行驶。

如果目标车辆存在且离主车较近或速度很慢,控制模式选择模块就会激活跟随控制模式,ACC 系统将根据驾驶员设定的安全车距和轮速传感器采集的本车速度计算出期望车距,并与车距传感器采集的实际距离比较,自动调节制动压力和油门开度等,使得汽车以一个安全车距稳定地跟随前方目标车辆行驶。同时,ACC 系统会把汽车目前的一些状态参数显示在人机界面上,方便驾驶员的判断。若也装有紧急报警系统,则它在 ACC 系统无法避免碰撞时及时警告驾驶员并由驾驶员处理紧急状况。

❷ 电动汽车 ACC 系统的工作原理。它与燃油汽车 ACC 系统工作原理基本一样,唯一区别是:燃油汽车控制的是油门开度,调节发动机输出转矩;电动汽车控制的是电动机转矩,调节电动机的输出转矩,而且增加了再生制动控制。

图 6-19 自适应巡航控制系统的原理

6.7 智能泊车辅助系统

（1）智能泊车辅助系统的定义　智能泊车辅助（IPA）系统是根据传感器信息，实时进行环境建模，生成车辆运动路径，控制车辆无碰撞地自动运动到泊车位的先进驾驶辅助系统。

（2）智能泊车辅助系统的组成　如图6-20所示。

❶ 感知单元：感知环境信息和汽车自身运动状态信息。
❷ 中央控制器：对感知单元传输的信息进行分析判断。
❸ 转向执行机构：接收中央控制器发出的指令并执行。
❹ 人-机交互系统：显示重要信息给驾驶员。

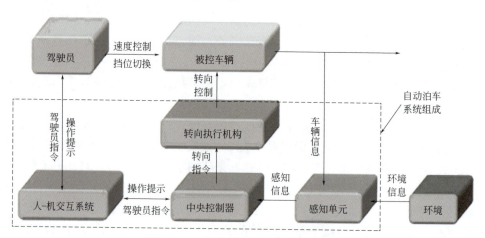

图6-20　智能泊车辅助系统的组成

（3）智能泊车辅助系统的原理　通过车载传感器扫描汽车周围环境，通过对环境区域的分析和建模，搜索有效泊车位；当确定目标车位后，系统提示驾驶员停车并自动启动自动泊车程序，根据所获取的车位大小、位置信息，由程序计算泊车路径，然后自动操纵汽车泊车入位（图6-21）。

（4）智能泊车类型

❶ 自动泊车。自动泊车可以分为半自动泊车和全自动泊车。半自动泊车是指驾驶员操控车速，计算平台根据车速及周边环境来确定并执行转向，对应于SAE L1级；全自动泊车是指计算平台根据周边环境来确定并执行转向和加减速等全部操作，驾驶员可在车内或车外监控，对应于SAE L2级（图6-22）。

图 6-21　智能泊车辅助系统的原理

图 6-22　自动泊车

❷ 远程遥控泊车。远程遥控泊车辅助系统是在 APA 自动泊车技术的基础之上发展而来的，车载传感器的配置方案与 APA 类似。它解决了停车后难以打开自车车门的尴尬场景，比如在两边都停了车的车位，或在比较狭窄的停车房。

远程遥控泊车（图 6-23）属于自动驾驶的 L2+ 级。

图 6-23　远程遥控泊车

❸ 自学习泊车。它能够学习驾驶员的泊入和泊出操作，并在以后自主完成这个过程。自学习泊车辅助系统的核心技术是即时定位与地图构建（SLAM）。

相比于自动泊车和远程遥控泊车辅助系统，自学习泊车辅助系统加入了360°环视相机，而且泊车的控制距离从5m内扩大到了50m内，有了明显提升。

自学习泊车（图6-24）属于自动驾驶的L3级。

图6-24　自学习泊车

❹ 自动代客泊车。除毫米波雷达和视觉传感器外，实现自动代客泊车还需要引入停车场的高精度地图，再配合SLAM或视觉匹配定位的方法，才能够让汽车知道它现在在哪、应该去哪里寻找停车位。自动代客泊车（图6-25）属于自动驾驶的L4级。

图6-25　自动代客泊车

6.8 智能座舱系统

6.8.1 智能座舱概述

（1）**智能座舱的定义**　汽车座舱即车内驾驶和乘坐空间。智能座舱是指配备了智能化和网联化的车载产品，从而可以与人、路、车本身进行智能交互的座舱，是人车关系从工具向伙伴演进的重要纽带和关键节点。智能座舱通过对数据的采集，上传到云端进行处理和计算，从而对资源进行最有效的适配，增加座舱内的安全性、娱乐性和实用性。

智能座舱未来形态是"智能移动空间"。在 5G 和车联网高度普及的前提下，汽车座舱将摆脱"驾驶"这一单一场景，逐渐进化成集"家居、娱乐、工作、社交"为一体的智能空间。

（2）**智能座舱的功能**　如图 6-26 所示。

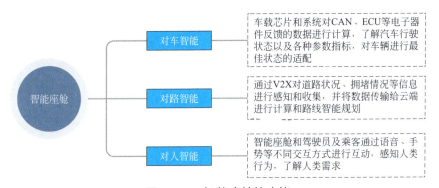

图 6-26　智能座舱的功能

（3）**智能座舱的产业流程**　软硬件底层技术根据产品的不同需求应用到各个智能化零部件中；不同智能化零部件在座舱内集成，形成一套完整解决方案，以整车体现，将整车进而销售给车主；与此同时，基础设施参与整个流程，为各环节提供数据传输、运算存储等服务（图 6-27）。

（4）**智能座舱的发展趋势**

❶ 智能化。随着技术、硬件的发展和成本的降低，车里会越来越智能。智能化对交互方式的影响表现为机器会增强承担主动输入的能力，所以随着车越来越智能化，车主在输入方面投入减少，效率更快。

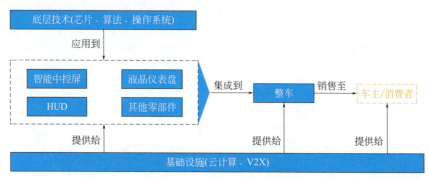

图 6-27　智能座舱的产业流程

❷ 自动化。随着自动驾驶的技术越来越成熟和普及，车主会逐渐释放注意力资源和手眼，可以更多地投入到车舱的娱乐操作当中；也会导致在输入输出反馈中更好利用视觉反馈。

❸ 电子化。去掉实体控件，增强科技感，简化内饰，降低成本，变成一种趋势。

❹ 座舱各组成部分呈现由分布到集中、由独立到融合的趋势。在芯片和操作系统的融合下，未来智能座舱内的人机交互界面或只存在一块屏幕，仪表盘、中控屏、副驾屏幕将全部整合在一起，由一个域控制器和统一的操作系统驱动。

❺ 算法软件数据将成为价值链重心。传统汽车供应链是链条式的上下游模式，而智能座舱产业呈现出明显的集成、跨界合作趋势；未来掌握核心软件能力、数据的互联网公司，以及转型及时的主机厂将占据行业主导地位。

❻ "智能移动空间"将成为终极形态。智能座舱的终极形态将会是智能移动空间。由于自动驾驶与智能座舱的共同发展，在 L5 级别自动驾驶背景下，未来的座舱将摆脱单一的驾驶场景，进而成为集娱乐、社交、出行、办公等为一体的综合空间。

未来的智能座舱是多种技术融合、多个参与主体协同下的产物。云计算平台提供大数据存储和计算，5G 提供高速低延时数据传输。同时，自动驾驶的实现意味着车载芯片的算力将远大于其他终端的芯片，因此座舱就成为了办公效率最高、娱乐效果最好的终端。

6.8.2　抬头显示系统

抬头显示（HUD）系统也称为平视显示系统，它能够将信息显示在驾驶员正常驾驶时的视野范围内，使驾驶员不必低头就可以看到相应的信息（图 6-28）。

图 6-28 抬头显示系统

6.8.3 夜视系统

夜视系统是能够通过红外线或热成像摄像机在夜间或其他弱光行驶环境中为驾驶员提供视觉辅助或警告信息，减少事故发生，增强主动安全的系统（图 6-29）。

图 6-29 夜视系统

6.8.4 驾驶员疲劳预警系统

驾驶员疲劳预警系统是指当驾驶员精神状态不佳或进入浅层睡眠时，系统会依据驾驶员精神状态指数分别给出视觉、听觉和触觉等警示，警告驾驶员已经进入疲劳状态，需要休息。其作用就是监视并提醒驾驶员自身的疲劳状态，减少驾驶员疲劳驾驶的潜在危害（图 6-30）。

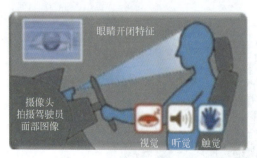

图 6-30　驾驶员疲劳预警系统

6.8.5　人车交互技术

人车交互主要包括物理操控、语音交互、触摸控制、生物识别、视觉交互、手势交互等六大形式。其中物理操控、触摸控制和视觉交互属于较为传统的交互方式，语音交互、生物识别和手势交互属于新兴人车交互范畴。目前语言是人车交互的主流方式（图 6-31）。

语音交互、人脸交互、手势交互和触屏控制在全球智能网联汽车市场上将被大量采用。

图 6-31　人车交互技术

6.9　其他先进驾驶辅助系统

（1）后向碰撞预警系统　后向碰撞预警系统能够实时监测车辆后方环境，并在可能受到后方碰撞时发出警告信息（图 6-32）。

图 6-32　后向碰撞预警系统

（2）变道碰撞预警系统　变道碰撞预警系统能够在车辆变道过程中，实时监测相邻车道，并在车辆侧方和/或侧后方出现可能与本车发生碰撞危险的其他道路使用者时发出警告信息（图 6-33）。

图 6-33　变道碰撞预警系统

（3）侧面盲区监测系统　侧面盲区监测系统能够实时监测驾驶员视野的侧方及侧后方盲区，并在其盲区内出现其他道路使用者时发出提示或警告信息（图 6-34）。

图 6-34　侧面盲区监测系统

（4）转向盲区监测系统　转向盲区监测系统能够在车辆转向过程中，实时监测驾驶员转向盲区，并在其盲区内出现其他道路使用者时发出警告信息（图 6-35）。

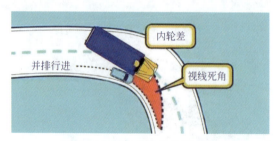

图 6-35　转向盲区监测系统

（5）后方交通穿行提示系统　后方交通穿行提示（RCTA）系统能够在车辆倒车时，实时监测车辆后部横向接近的其他道路使用者，并在可能发生碰撞危险时发出警告信息（图 6-36）。

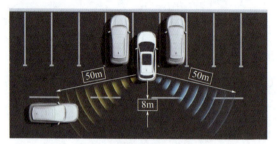

图 6-36　后方交通穿行提示系统

（6）车门开启预警系统　车门开启预警系统能够在停车状态下即将开启车门时，监测车辆侧方及侧后方的其他道路使用者，并在可能因车门开启而发生碰撞危险时发出警告信息（图 6-37）。

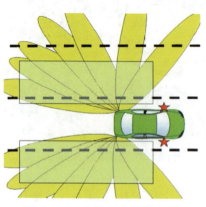

图 6-37　车门开启预警系统

（7）交通标志识别系统　交通标志识别系统能够自动识别车辆行驶路段的交通标志并发出提示信息（图6-38）。

图6-38　交通标志识别系统

（8）智能限速提示系统　智能限速提示系统能够自动获取车辆当前条件下所应遵守的限速信息并实时监测车辆行驶速度，在车辆行驶速度不符合或即将超出限速范围的情况下适时发出提示信息（图6-39）。

图6-39　智能限速提示系统

（9）全景影像监测系统　全景影像监测系统能够向驾驶员提供车辆周围360°范围内环境的实时影像信息（图6-40）。

（10）紧急制动辅助系统　紧急制动辅助（EBA）系统能够实时监测车辆前方行驶环境，在可能发生碰撞危险时提前采取措施以减少制动响应时间并在驾驶员采取制动操作时辅助增加制动压力，以避免碰撞或减轻碰撞后果（图6-41）。

图 6-40　全景影像监测系统

图 6-41　紧急制动辅助系统

（11）紧急转向辅助系统　紧急转向辅助系统实时监测车辆前方和侧方行驶环境，在可能发生碰撞危险且驾驶员有明显的转向意图时辅助驾驶员进行转向操作（图 6-42）。

（12）智能限速控制系统　智能限速控制系统能够自动获取车辆当前条件下所应遵守的限速信息并实时监测车辆行驶速度，辅助驾驶员控制车辆行驶速度，以使其保持在限速范围之内（图 6-43）。

图 6-42　紧急转向辅助系统

图 6-43　智能限速控制系统

（13）车道居中控制系统　车道居中控制系统能够实时监测车辆与车道边线的相对位置，持续自动控制车辆横向运动，使车辆始终在车道中央区域行驶（图 6-44）。

图 6-44　车道居中控制系统

（14）**车道偏离抑制系统** 车道偏离抑制系统能够实时监测车辆与车道边线的相对位置，在车辆将发生车道偏离时控制车辆横向运动，辅助驾驶员将车辆保持在原车道内行驶（图6-45）。

（15）**交通拥堵辅助系统** 交通拥堵辅助系统能够在车辆低速通过交通拥堵路段时，实时监测车辆前方及相邻车道行驶环境，并自动对车辆进行横向和纵向控制，其中部分功能的使用需经过驾驶员的确认（图6-46）。

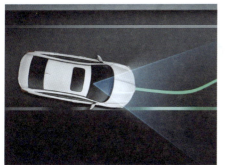
图6-45 车道偏离抑制系统

图6-46 交通拥堵辅助系统

（16）**自适应前照灯系统** 自适应前照灯系统能够自动进行近光/远光切换或投射范围控制，从而为适应车辆各种使用环境提供不同类型光束的前照灯（图6-47）。

图6-47 自适应前照灯系统

（17）**自适应远光灯系统** 自适应远光灯系统能够自动调整投射范围以减少对前方或对向其他车辆驾驶员炫目干扰的远光灯（图6-48）。

图 6-48　自适应远光灯系统

6.10　先进驾驶辅助系统的应用实例

（1）奔驰 GLC　见图 6-49、表 6-1。

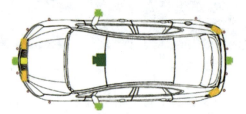

图 6-49　奔驰 GLC 的 ADAS 传感器布局

表 6-1　奔驰 GLC 的 ADAS 传感器

图例	■	■	■	■	○
传感器名称	前视摄像头	鱼眼摄像头	77GHz 毫米波雷达	24GHz 毫米波雷达	超声波雷达
单车数量	1	4	1	4	12
功能	LDW,LKA	AVS（高级视觉系统）	ACC	AEB,FCW,LCA	APA

（2）Jeep 大指挥官　见图 6-50、表 6-2。

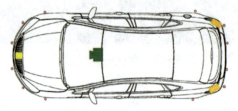

图 6-50　Jeep 大指挥官的 ADAS 传感器布局

表 6-2　Jeep 大指挥官的 ADAS 传感器

图例	■	■	■	○
传感器名称	前视摄像头	77GHz 毫米波雷达	24GHz 毫米波雷达	超声波雷达
单车数量	1	1	2	12
功能	AEB、FCW、LDW、LKA	ACC	LCA、RCTA	APA

（3）长安 CS75　见图 6-51、表 6-3。

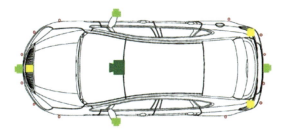

图 6-51　长安 CS75 的 ADAS 传感器布局

表 6-3　长安 CS75 的 ADAS 传感器

图例	■	■	■	○
传感器名称	前视摄像头	鱼眼摄像头	77GHz 毫米波雷达	超声波雷达
单车数量	1	4	3	12
功能	LDW	AVS	ACC、AEB、FCW、LCA、RCTA	APA

（4）一汽奔腾 SENIA R9　见图 6-52、表 6-4。

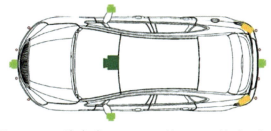

图 6-52　一汽奔腾 SENIA R9 的 ADAS 传感器布局

表 6-4 一汽奔腾 SENIA R9 的 ADAS 传感器

图例	🟩	🟩	🟨	⭕
传感器名称	前视摄像头	鱼眼摄像头	24GHz 毫米波雷达	超声波雷达
单车数量	1	4	2	8
功能	ACC, AEB, FCW, LDW	AVS	LCA, RCTA	前后泊车

（5）东风日产蓝鸟 见图 6-53、表 6-5。

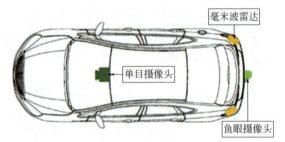

图 6-53 东风日产蓝鸟的 ADAS 传感器布局

表 6-5 东风日产蓝鸟的 ADAS 传感器

图例	🟩	🟩	🟨
传感器名称	前视单目摄像头	鱼眼摄像头	24GHz 毫米波雷达
单车数量	1	1	2
功能	AEB, FCW, LDW	倒车影像	LCA, RCTA

第 7 章

智能网联汽车自动驾驶前瞻技术

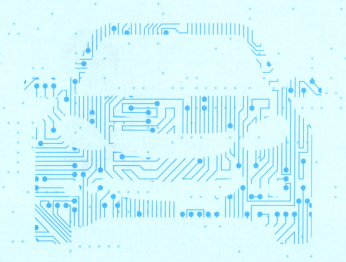

7.1 人工智能技术与自动驾驶

（1）人工智能（AI）的定义 人工智能（AI）是计算机科学的一个分支，它企图了解智能的本质，并生产出一种新的能以与人类智能相似的方式做出反应的智能机器，是研究、开发用于模拟、延伸和扩展人的智能的理论、方法、技术及应用系统的一门新的技术科学。

机器学习（ML）属于人工智能的一个分支，也是人工智能的核心。机器学习理论主要是设计和分析一些让计算机可以自动"学习"的算法。

深度学习（DL）是利用深度神经网络来解决特征表达的一种学习过程。深度学习是机器学习研究中的一个新领域，其动机在于建立模拟人脑进行分析学习的神经网络，它模仿人脑的机制来解释数据，如图像、声音、文本。

机器学习是一种实现人工智能的方法，深度学习是一种实现机器学习的技术（图7-1）。

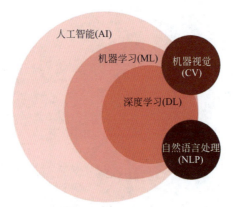

图7-1 深度学习（DL）

（2）人工智能（AI）的应用 如图7-2所示。

❶ 环境感知方面。自动驾驶汽车所要面临的环境感知包括：路面路缘检测、车道线检测、护栏检测、交通标志检测、交通信号灯检测，以及行人检测、车路检测等。对于如此复杂的路况检测和目标检测，普通算法难以满足要求。基于人工智能的深度学习可以满足视觉感知的高精度需求，基于深度学习的计算机视觉，自动驾驶汽车可获得接近于人的感知能力。有研究报告表明，在算法和样本量足够的前提下，深度学习视觉感知的准确率可以达到99.9%以

上，而人感知的准确率一般是 95%。

❷ 决策与规划方面。行为决策与路径规划是人工智能在自动驾驶汽车领域中的另一个重要应用。目前越来越多的研发机构将强化学习应用到自动驾驶的行为与决策中。把行为与决策分解成两部分：可学习部分与不可学习部分。可学习部分是由强化学习来决策行驶需要的高级策略；不可学习部分是按照这些策略，利用动态规划来实施具体的路径规划。

❸ 车辆控制方面。智能控制方法主要体现在对控制对象模型的运用和综合信息学习运用上，包括神经网络控制和深度学习方法等，这些算法已经逐步在自动驾驶汽车控制中应用。其中，通过神经网络控制可以把控制问题看成模式识别问题，进一步开发深度神经网络学习，可以免除人工选取特征的繁复冗杂和高维数据的维度灾难问题。因为自动驾驶系统最终要尽量减少人的参与或者没有人的参与，所以深度学习在自动学习状态特征方面的能力使得深度学习在自动驾驶系统中具有先天的优势。

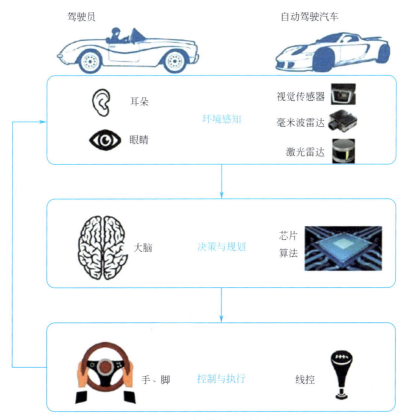

图 7-2 人工智能（AI）的应用

7.2 深度学习技术与自动驾驶

（1）**深度学习的定义** 深度学习是机器学习的一个类型，该类型的模型直接从图像、文本或声音中学习执行分类任务。通常使用神经网络架构实现深度学习。"深度"一词是指网络中的层数，层数越多，网络越深。传统的神经网络只包含 2 层或 3 层，而深度网络可能有几百层（图 7-3）。

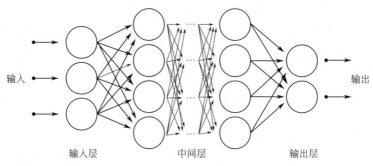

图 7-3 深度学习原理

（2）**深度学习的应用** 自动驾驶汽车要想做出正确的决策，前提就是要做到完全的感知。目前的自动驾驶技术，识别车前到底是一个行人还是一辆车已经不是什么难题，但如果要判断这是一辆轿车还是一辆 SUV、是一个成人还是一个小孩，可能并不是那么容易。要想做到更高等级的识别，就必须借助深度学习技术。通过深度学习，自动驾驶系统不仅能做到基本的路径识别、行人识别、道路标志识别、信号灯识别、障碍物以及环境识别（图 7-4～图 7-6），还可以实现一些高难度的识别。

(a) 原始图像

(b) 检测结果

图 7-4 基于深度学习的车辆检测

(a) 原始图像　　　　　　　　　　　　(b) 检测结果

图 7-5　基于深度学习的行人检测

(a) 原始图像　　　　　　　　　　　　(b) 检测结果

图 7-6　基于深度学习的交通标志检测

　　使用常规的图像识别方法，如果道路边缘的道牙没有特定的颜色，系统就无法很好地判断出道路的边界，自动驾驶汽车就很有可能会撞击道路边缘。而当使用了深度学习技术之后，图像识别系统就可以很好地区分出哪里是道路、哪里是道路边缘的道牙。

　　还有一种极端的情况，便是实现在没有车道线的地方自动驾驶。这时可以用人在没有车道线的路况下开车的数据来训练神经网络，训练好之后，神经网络在没有车道线的时候也能大概判断未来可以怎么开车。

　　基于深度学习的智能语音系统将是智能网联汽车发展的一个重点方向。尽管目前对于深度学习来说，语音识别远不及图像识别的效果好，但是随着时间的推移，未来智能语音系统将可以清楚地分辨出车内不同成员的声音并且针对他们的习惯来进行相应的设置。这样一来，车内系统无论是实体按键还是虚拟按键都可以取消。

　　V2X 技术和 5G 技术将实现车联万物（图 7-7）。这意味着你只要坐在车内，几乎就可以控制一切跟你生活息息相关的事情。而当深度学习技术被发挥到极致的时候，你的车几乎能够掌握你的每一个习惯甚至是每一个想法，并能够去实现。也许在短时间内这样的场景只是畅想,但科技前行的步伐远远超出了人们的想象。深度学习技术的大量运用正是人工智能时代到来的一大标志,而在人工智能时代,汽车的使用方式必将被完全颠覆。

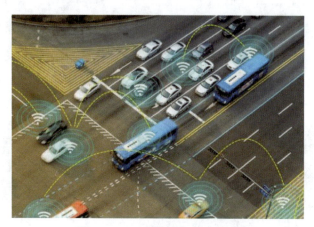

图 7-7　V2X 技术和 5G 技术

7.3　语义分割技术与自动驾驶

(1) 语义分割的定义　语义分割是将标签或类别与图片的每个像素进行关联的一种深度学习算法。它用来识别构成可区分类别的像素集合。例如,自动驾驶汽车需要识别车辆、行人、交通信号、人行道和其他道路特征等。语义分割的一个简单例子就是将图像划分成人和背景(图 7-8)。

图 7-8　人和背景

（2）语义分割与目标检测的区别　　语义分割可以作为对象检测的一种有用替代方法，因为它允许感兴趣对象在像素级别上跨越图像中的多个区域。这种技术可以清楚地检测到形态不规则的对象，相比之下，目标检测要求目标必须位于有边界的方框内（图7-9）。

图 7-9　目标检测

（3）语义分割的应用　　语义分割提供有关道路上自由空间的信息，以及检测车道标记和交通标志等信息（图7-10、图7-11）。

(a) 原始图像

(b) 分割结果

图 7-10　自动驾驶场景的语义分割

(a) 激光点云　　　　　　　　　　　(b) 分割结果

图 7-11　激光雷达点云的语义分割

7.4　大数据技术与自动驾驶

(1) 大数据的定义　大数据是指没有办法在可容忍的时间内使用常规软件方法完成存储、管理和处理任务的海量数据。大数据是需要新处理模式才能具有更强的决策力、洞察发现力和流程优化能力的海量、高增长率和多样化的信息资产。大数据是"未来的新石油"。

自动驾驶汽车每行驶 8h 将产生并消耗约 40TB 的数据,这意味着自动驾驶汽车将至少像依赖石油或电力一样依赖数据。自动驾驶汽车可以通过大数据分析,做出明确、合理的决策,保障汽车安全行驶。随着自动驾驶程度的提高,为自动驾驶提供支持的技术变得更加复杂,这就需要更多的数据。

大数据技术主要包括大数据采集、大数据预处理、大数据存储、大数据分析。大数据采集是对各种来源的结构化和非结构化海量数据所进行的采集;大数据预处理指的是在进行数据分析之前,先对采集到的原始数据进行的诸如"清洗、填补、平滑、合并、规格化、一致性检验"等一系列操作,旨在提高数据质量,为后期分析工作奠定基础;大数据存储是指用存储器以数据库的形式存储采集到的数据的过程;大数据分析是从可视化分析、数据挖掘算法、预测性分析、语义引擎、数据质量管理等方面,对杂乱无章的数据进行萃取、提炼和分析的过程。

(2) 大数据的特点

❶ 规模性。数量从 TB 级别跃升到 PB 级别,集中储存/集中计算已经无

法处理巨大的数据量。

❷ 多样性。数据的种类和来源多样化,非结构化数据增长远大于结构化数据,如互联网中有大量网络日志、视频、图片、地理位置信息等。

❸ 高速性。数据增长速度快,要求处理速度快;大数据往往需要在秒级时间范围从各种类型的数据中获得高价值的信息,这一点和传统的数据挖掘技术有着本质的不同。

❹ 价值性。价值密度低,商业价值高;只要合理利用数据并对其进行准确的分析,将会带来很高的价值回报。

大数据特点可以归纳为4个"V"——Volume(规模性)、Variety(多样性)、Velocity(高速性)和Value(价值性)。

（3）大数据的应用

❶ 环境感知。尽管自动驾驶汽车配有雷达和视觉传感器,使它们能够感知周围的环境,但如果不能获得可靠的数据流,不能了解周围的情况和未来的预判,自动驾驶汽车就会存在安全风险。未来的自动驾驶汽车可以依靠传感器和已有的大数据,将不同数据有效融合起来,建立一个基于大数据的感知系统,保障自动驾驶汽车的安全行驶。

❷ 驾驶行为决策。自动驾驶汽车行驶过程中如何将汽车控制好,在路况简单时这样的驾驶行为决策的传统方式是基于规则的判定。而在未来更复杂的环境(包括拥堵情况)下,基于数据驱动的驾驶行为的决策,会变成未来整个发展的主流。大数据在交通行业中已经实现商业化应用,如采集车速、安全带使用、制动、加速习惯及下班后的用车习惯等相关信息。若该类数据可以共享,用于自动驾驶,则研发人员可将该类数据用于机器学习,更精确地定位车辆信号及路况情况,从而提升自动驾驶的安全性,降低事故发生率。

7.5 云计算技术与自动驾驶

（1）云计算的定义　　云计算没有统一的定义,简单来说,云计算就是将很多计算机资源和服务集中起来,人们只要接入互联网,就能很轻易、方便地访问各种基于云的应用信息,省去安装和维护的烦琐操作。

美国国家标准与技术研究院对云计算的定义:云计算是一种按使用量付费的模式,这种模式提供可用的、便捷的、按需的网络访问,进入可配置的计算资源共享池(资源包括网络、服务器、存储、应用软件、服务),这些资源能够被快速提供，只需投入很少的管理工作，或与服务供应商进行很少的交互。

（2）云计算的特点

❶ 支持异构基础资源；

❷ 支持异构多业务体系；

❸ 按需分配，按量计费；

❹ 支持资源动态扩展；

❺ 支持海量信息处理。

利用云计算甚至可以体验每秒 10 万亿次的运算能力，拥有这么强大的计算能力可以模拟核爆炸、预测气候变化和市场发展趋势。用户通过电脑、手机等多种方式接入数据中心，按自己的需求进行运算。

（3）云计算的应用

❶ 海量数据存储备份。自动驾驶汽车实际运行中产生的各类数据对远程故障诊断、定期检测而言是必不可少的。但海量的数据存储、备份和分析则带来成本上的压力。云端存储和大数据分析能力极大减少了这方面的成本，并且能降低因数据丢失导致的风险。其中云端实时地处理自动驾驶汽车传来的道路数据，识别哪些可以被以后数据处理应用，并更新数据；识别哪些需要实时处理，并把对应的数据传给自动驾驶汽车等；以上均涉及云计算技术。

❷ 自动驾驶汽车的快速开发测试。自动驾驶汽车的功能设计、开发和测试环境的维护，其成本都是极其昂贵的，但使用效率并不高。使用云计算技术，可以快速地在云端搭建起虚拟开发测试环境，一旦新的功能和服务开发测试完成，也可以直接通过云端推送给用户。自动驾驶算法的研发流程（开发、训练、验证、调试）在云端实现，从而大幅提升算法迭代效率。云计算技术对于自动驾驶而言是非常重要的。

大数据让自动驾驶汽车具备老驾驶员的经验；云计算不但让自动驾驶汽车学习这些老驾驶员的经验成为可能，更让自动驾驶汽车在行驶中具有整个交通全局的信息视野和决策能力。

7.6 多接入边缘计算技术与自动驾驶

（1）多接入边缘计算的定义　多接入边缘计算（MEC）是一种网络架构，为网络运营商和服务提供商提供云计算能力以及网络边缘的 IT 服务环境。

MEC 与 C-V2X 融合是将 C-V2X 业务部署在 MEC 平台上,借助 Uu 接口或 PC5 接口支持实现"人-车-路-云"协同交互,可以降低端到端数据传输时延、缓解终端或路侧智能设施的计算与存储压力,减少海量数据回传造成的网络负荷,提供具备本地特色的高质量服务(图 7-12)。

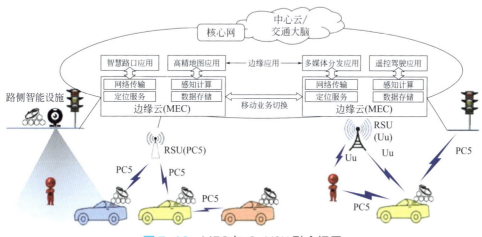

图 7-12　MEC 与 C-V2X 融合场景

(2)多接入边缘计算的分类　如图 7-13 所示。

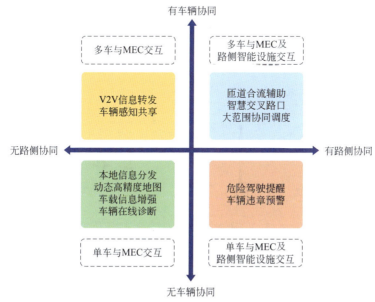

图 7-13　多接入边缘计算的分类

❶ 单车与 MEC 交互场景，如图 7-14 所示。

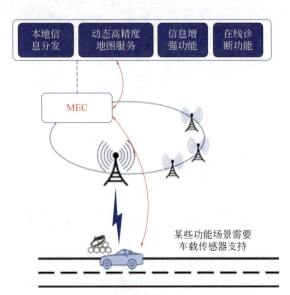

图 7-14　单车与 MEC 交互场景示意图

❷ 单车与 MEC 及路侧智能设施交互场景，如图 7-15 所示。

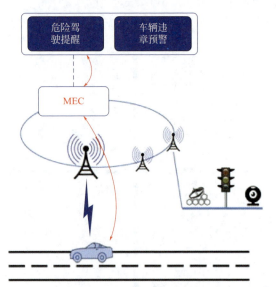

图 7-15　单车与 MEC 及路侧智能设施交互场景示意图

❸ 单车与 MEC 协同交互场景，如图 7-16 所示。

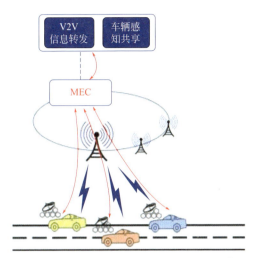

图 7-16 单车与 MEC 协同交互场景示意图

❹ 多车与 MEC 及路侧智能设施协同交互场景，如图 7-17 所示。

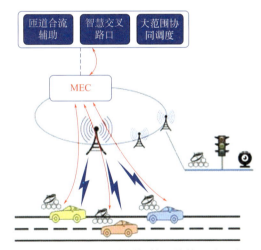

图 7-17 多车与 MEC 及路侧智能设施协同交互场景示意图

第 8 章

智能网联汽车控制执行技术

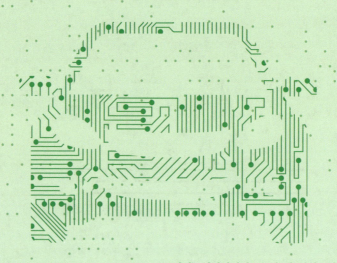

8.1 控制执行整体认知

8.1.1 控制执行的定义

控制执行是整个自动驾驶系统的最后一环,是将环境感知、行为决策、路径规划的结论付诸实践。控制执行系统将来自决策系统的路径规划落实到汽车机构的动作上。控制过程的目标就是使车辆的位置、姿态、速度和加速度等重要参数符合最新决策结果。

8.1.2 控制执行的类型

智能网联汽车的控制执行是"人 - 车 - 路"组成的智能系统最终完成自动驾驶和协同驾驶的落地部分,主要包括车辆的纵向运动控制和横向运动控制。纵向运动控制,即车辆的制动和驱动控制。横向运动控制,即通过轮胎力的控制以及方向盘角度的调整,实现自动驾驶汽车的规划路径跟踪。这两种控制方式都是单车自动驾驶所具备的。各类型分别如图 8-1 和图 8-2 所示。

图 8-1　纵向运动控制

图 8-2　横向运动控制

控制执行需要借助复杂的汽车动力学主控系统完成,主控系统由软件部分的智能车载操作系统与硬件部分的高性能车载集成计算平台联合组成。

智能车载操作系统融合了内容服务商和运营服务商的数据,以及车内人机交互服务,能够为乘客提供周到的个性化服务,目前的主流操作系统包括 Windows、Linux、Android、ONX、YunOS(阿里云系统)等。

高性能车载集成计算平台融合高精度地图、传感器、V2X 的感知信息进行认知和最终的决策计算,目前主流硬件处理器包括 FPGA、ASI、CGPU 等型号。最终，决策的计算信息汇入车辆总线控制系统，完成执行动作。

8.1.3 控制执行的方法

目前控制执行的主流控制算法主要有：PID 控制、模型预测控制、滑模控制。

（1）PID 控制 PID 控制即比例、积分和微分控制。PID 控制器结构简单、容易实现且能达到较好的控制效果，因此广泛应用于控制领域。PID 控制由比例单元 P、积分单元 I 和微分单元 D 组成，其反馈控制原理如图 8-3 所示。

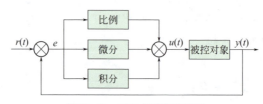

图 8-3 PID 控制原理图

如图 8-3 所示，首先对输入误差 e 进行比例、积分、微分运算，运算后的叠加结果 u 作为输出量用以控制被控对象，同时被控对象结合当时状态输出反馈信号 y，再次与期望值 r 进行比较，得到的误差 e 再次进行比例、积分、微分调节，如此循环进行，直至达到预期控制效果。

PID 控制通过调节比例、积分、微分实现系统的性能优化，各调节参数的作用如表 8-1 所示。

表 8-1 各调节参数的作用

比例调节	按比例反映系统的偏差，系统一旦出现了偏差，比例调节立即产生调节作用用以减少偏差。比例参数大，可以加快调节，减少误差；但是过大的比例，使系统的稳定性下降，甚至造成系统的不稳定
积分调节	使系统消除稳态误差，提高无差度。只要存在误差，积分调节就起作用，直至消除误差，然后积分调节终止。积分作用的强弱取决于积分时间常数，该值越小，积分作用就越强，反之则越弱。但是，加入积分调节可使系统稳定性下降，动态响应变慢。积分调节常与另外两种调节规律结合，组成 PI 调节器或 PID 调节器
微分调节	能够产生超前的控制作用，在偏差还没有形成之前，可通过微分调节作用消除。因此，可减少超调量和调节时间，有效改善系统的动态性能。但是，微分调节对噪声干扰有放大作用，因此过强的微分调节，对系统抗干扰不利。此外，微分调节反映的是变化率，而当输入没有变化时，微分作用输出为零，所以微分作用不能单独使用，需要与另外两种调节规律相结合，组成 PD 或 PID 控制器

PID 控制参数调节的一般步骤如下。

❶ 确定比例增益 P。首先，去掉 PID 的积分项和微分项，一般是令 $T_i=0$、$T_d=0$，PID 为纯比例调节。输入设定为系统允许的最大值的 60%～70%，由 0 逐渐加大比例增益 P，直至系统出现振荡；然后，从此时的比例增益 P 逐渐减小，直至系统振荡消失，记录此时的比例增益 P，设定 PID 的比例增益 P 为当前值的 60%～70%。比例增益 P 调试完成。

❷ 确定积分时间常数 T_i。比例增益 P 确定后，设定一个较大的积分时间常数 T_i 的初值，然后逐渐减小 T_i，直至系统出现振荡；之后再反过来，逐渐加大 T_i，直至系统振荡消失。记录此时的 T_i，设定 PID 的积分时间常数 T_i 为当前值的 150%～180%，积分时间常数 T_i 调试完成。

❸ 确定微分时间常数 T_d。微分时间常数 T_d 一般不用设定，为 0 即可。若要设定，与确定 P 和 T_i 的方法相同，取不振荡时的 30%。

PID 控制是一个传统控制方法，它适用于温度、压力、流量、液位等几乎所有工程应用场景。不同的应用场景，仅仅是 PID 参数设置应不同，只要参数设置得当均可以达到很好的效果，甚至满足更高的控制要求。

（2）模型预测控制　模型预测控制（model predictive control，MPC）起源于工业界，用于解决 PID 控制不易解决的多变量、多约束的优化问题，具有处理线性和非线性模型、同时观察系统约束和考虑未来行为的能力，近年来广泛用于智能网联汽车路径跟踪控制。MPC 主要由模型预测、滚动优化和反馈调整 3 部分组成，基于 MPC 的控制器原理如图 8-4 所示。

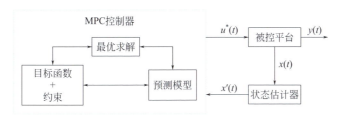

图 8-4　MPC 控制原理图

如图 8-4 所示，MPC 控制器结合预测模型、目标函数和约束条件进行最优求解，得到最优控制序列 $u^*(t)$，并将其输入被控平台；被控平台按照当前的控制量输出 $y(t)$ 对被控对象进行控制，然后将当前的状态量观测值 $x(t)$ 输入状态估计器；状态估计器对于无法通过传感器观测到或者观测成本过高的状态量进行估计，将估计的状态量 $x'(t)$ 输入 MPC 控制器，再次进行最优化求解；如此循环，构成闭环反馈控制系统。

（3）滑模控制 滑模控制（sliding mode control，SMC）本质是一类特殊的非线性变结构控制，其非线性表现为控制的不连续性。控制原理为根据系统所期望的动态特性来设计系统的切换超平面，通过滑动模态控制器使系统状态从超平面之外向切换超平面收束；系统一旦到达切换超平面，控制作用将保证系统沿切换超平面到达系统原点。这一沿切换超平面向原点滑动的过程称为滑模控制。

滑模控制SMC对非线性系统以及未知干扰具有较强的鲁棒性，然而单一的SMC往往不能满足智能汽车控制的要求，因此，改进基于滑模变结构的运动控制方法成为当前的研究重点。主要方向有融合比例微分控制、自适应模糊控制以及神经网络控制的控制方法。

8.2 纵向运动控制

（1）纵向运动控制的定义 纵向运动控制是指通过对油门和制动的协调，实现对期望车速的精准跟随。采用油门和制动综合控制方法实现对预定速度的跟踪，其控制原理框图如图8-5所示。

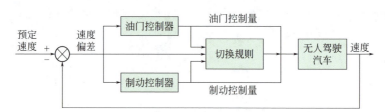

图8-5 纵向控制系统控制原理框图

纵向运动控制的基本原理是根据预定速度和无人驾驶汽车实测速度的偏差，通过节气门控制器和制动控制器根据各自的算法分别得到节气门控制量和制动控制量。按切换规则，根据节气门控制量、速度控制量和速度偏差选择节气门控制或制动控制。未选择的控制系统回到初始位置，如果按照切换规则选择了节气门控制，则制动控制执行机构将回到零初始位置。

（2）纵向运动控制的类型 智能网联汽车纵向控制按照实现方式分类，有直接式运动控制、分层式运动控制。

❶ 直接式运动控制。直接式运动控制是通过纵向控制器直接控制期望制动压力和节气门开度，从而实现对汽车纵向速度的直接控制。该方法能够使汽

车实际纵向速度迅速达到期望值,响应速度快。具体结构如图8-6所示。

图 8-6 直接式运动控制结构图

❷ 分层式运动控制。分层式运动控制是根据控制目标的不同来设计上位控制器和下位控制器(上位控制器是用来产生期望车速和期望加速度,下位控制器根据上位控制的期望值产生期望的节气门开度和制动压力),以实现对速度和制动的分层控制,如图8-7所示。

图 8-7 分层式运动控制结构图

直接式运动控制考虑了系统的复杂性和非线性等特点,具有集成程度高、模型准确性强的特点。但是其开发难度较高,灵活性较差。分层式运动控制通过协调节气门和制动分层控制,开发相对易实现。但是由于分层式运动控制会忽略参数不确定性、模型误差以及外界干扰等的影响,建模的准确性会受到一定的影响。

(3)纵向运动控制实现方式　纵向运动控制执行是车辆已知前方车辆的位置和速度等信息,结合自身当前运动状态对自身的纵向运动状态进行调整的控制策略、执行步骤以及相应的控制方法的总称。在控制层面分为上层控制和下层控制。上层控制就是在已知前方车辆的速度、加速度,前方车辆和本车的相对距离,本车的速度、加速度等信息的基础上判断本车需要进入到哪一种模式中。下层控制就是在上层决定进入某一种模式之后,采用相应的控制算法对自车的速度、加速度进行调整,使后车与前车保持相对安全的状态。

车辆纵向运动控制的流程如图8-8所示。智能网联汽车纵向运动控制策略主要包括设定速度控制、车速控制和间距控制等。设定速度控制一般适用于车流密度较小的高速公路或封闭园区。而在一般城市道路环境下,由于外部环境变化复杂,突发情况较多,需要频繁改变车速,这种情况下需采用车速控制或间距控制策略。

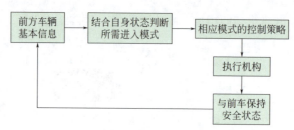

图 8-8 车辆纵向运动控制流程图

如图 8-9 所示，典型的智能网联汽车纵向运动控制逻辑如下：

❶ 前方没有车辆，自动驾驶控制器（ECU）按照设定速度控制策略计算预期加速度，对节气门/制动器进行控制。

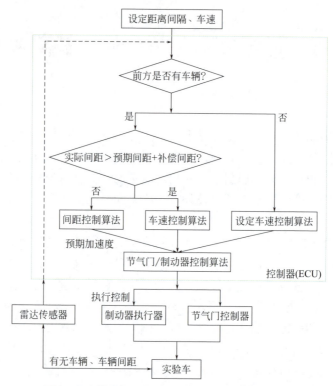

图 8-9 典型智能网联汽车纵向运动控制逻辑

❷ 当汽车探测到前方有车辆时，控制器（ECU）根据车辆间距判定转入车速控制策略或是间距控制策略，并计算预期加速度，如实际间距大于过渡间距（预期间距＋补偿间距）则采用车速控制策略，如实际间距小于过渡间距则采用

间距控制策略。节气门/制动器执行器的控制输入由节气门/制动器控制算法确定,从而达到车辆实际加速度与预期加速度尽可能接近的目的。

8.3 横向运动控制

(1)横向运动控制的定义　横向运动控制指智能车辆通过车载传感器感知周围环境,结合全球定位系统(GPS)提取车辆相对于期望行驶路径的位置信息,并按照设定的控制逻辑控制车辆方向盘转角,使其沿期望路径自主行驶,控制框图如图 8-10 所示。

图 8-10　横向运动控制系统控制框图

横向运动控制基本原理是转向控制器根据期望轨迹和无人驾驶汽车实测轨迹的偏差,利用算法得到转向盘转角控制量,最终实现车辆沿期望轨迹行驶。

(2)横向运动控制(系统、方法)的类型

❶ 根据环境感知传感系统的不同,智能汽车横向运动控制系统可分为非前瞻式参考系统和前瞻式参考系统。

a. 非前瞻式参考系统。通过计算车辆附近的期望道路与车辆之间的横向位置偏差来控制车辆实现道路跟踪。例如场区自动循迹物流车,利用安装在道路中间的电缆或磁道钉作为参考,实现横向运动控制,如图 8-11 所示。

图 8-11　非前瞻式参考横向运动控制

b. 前瞻式参考系统。通过测量车辆前方的期望道路与车辆之间的横向位置偏差来控制车辆实现自动转向,类似于驾驶员的开车行为。常见的智能网联汽车,主要是基于雷达或机器视觉等参考系统,完成横向运动控制,如图 8-12 所示。

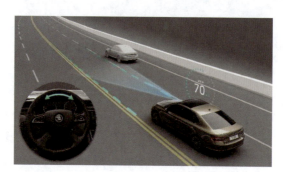

图 8-12　前瞻式参考横向运动控制

❷ 按照智能网联汽车横向运动控制设计方法的不同,可将其分为基于模型的系统控制方法和无模型的系统控制方法。

a. 基于模型的系统控制方法。该方法的基础是利用物理定律或系统辨识,建立车辆系统的数学模型。然后根据车辆当前状态和规划的期望行驶路径或运动参数(如速度、加速度、角度等)间的偏差,求解出与其相对应的控制输入参数(如转向角),进而实现实时控制。该方法依赖于精确的数学模型,当所建模型与车辆的实际行驶特性存在差异时,往往难以获得令人满意的跟踪控制效果。

b. 无模型的系统控制方法。该方法的基本思想是将车辆系统作为一个"黑匣子",只利用系统的输入、输出信息设计控制器,其控制器结构不依赖于受控对象动力学特性的结构,适用于复杂的非线性系统。该方法不需要车辆动力学的精确模型,利用驾驶员操纵输入与车辆响应输出的直接关系设计控制器,进而实现车辆状态的跟踪控制。但是,该方法在控制稳定性和可优化性方面还需进一步提升。

(3)横向运动控制实现方式　智能网联汽车的横向控制系统包括输入、处理、控制和输出 4 个部分。感知系统感知外部环境信息,利用相关的轨迹规划算法设计出合理的行驶路径,结合获取的车辆动力学参数等车身状态信息,得到当前车辆行驶状况,作为转向控制系统的输入;汽车轨迹跟踪横向控制器结合输入的预期轨迹和车辆本身的状态信息,计算得出相应方向盘转角控制量;主动转向执行系统控制接收上层横向控制器输出的方向盘转角控制信号,控制汽车做转向运动。

通常，智能汽车横向运动控制系统的基本结构如图 8-13 所示。横向运动控制通过设计相应的控制算法来实现智能汽车的自动转向功能，主要包括通过获得理想的自主转向的转向盘转角值以及执行所获得的转向盘转角命令从而控制汽车沿着预期轨迹行驶，实现汽车的自主转向功能。

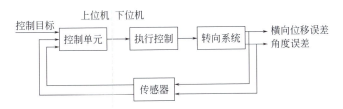

图 8-13　车辆横向运动控制系统基本结构图

第 9 章

智能网联汽车决策规划

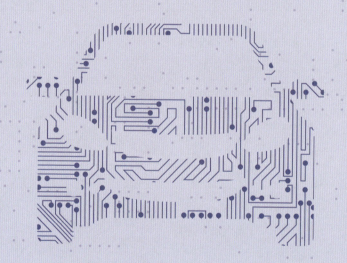

9.1 决策规划整体认知

9.1.1 决策规划的定义

决策规划是智能网联汽车自动驾驶的关键部分之一,它首先融合多传感信息对周围可能存在障碍物的目标状态进行预测,然后根据驾驶需求进行行为决策,规划出两点间多条可选安全路径,并在这些路径中规划选取一条最优的路径作为车辆行驶轨迹。

决策规划的基本效果如图9-1所示。和人类驾驶员一样,机器在做驾驶决定时需要回答几个问题:我在哪儿?周围的环境怎么样?接下来会发生什么?我该做什么?这是一个基于信息感知进行决策的过程,具体如何决定需要自动驾驶的决策层完成。

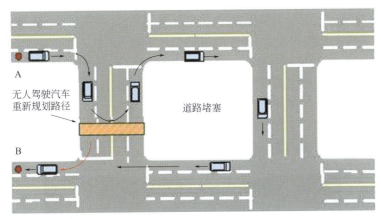

图9-1 自动驾驶决策规划效果图

决策层包括环境认知和决策规划两部分,主要完成工作具体来说可分为两步:第一步,认知理解,即依据感知层不同传感器采集的信息,通过高精度地图对智能网联汽车自身的位置精确定位,同时对车辆周围的环境信息和目标状态进行精确感知;第二步,决策规划,包含目标状态预测、行为决策和路径规划,依据对智能网联汽车周围目标状态的精确感知,准确预测未来可能发生的情况,对下一步行为进行正确判断和决策,规划并选择适宜的路径来达到目标,如图9-2所示。

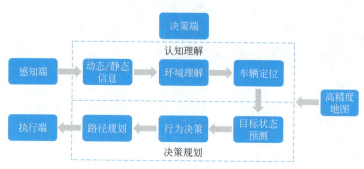

图 9-2 决策层实施步骤

9.1.2 决策规划的分类

从轨迹决策的角度考虑,根据事先对环境信息的已知程度,可把路径规划划分为基于先验完全信息的全局路径规划和基于传感器信息的局部路径规划。

全局路径规划是全局环境已知,按照一定的算法搜寻一条最优或者近似最优的无碰撞路径。例如,从上海到北京有很多条路,规划出一条最优行驶路线,即为全局路径规划。

局部路径规划是对环境局部未知或完全未知,随着自主车辆的运动,通过传感器为自主车辆提供有用的信息,从而能够确定出障碍物和目标点的位置,规划出一条由起始点到目标点的路径,如图9-3所示。例如,在全局规划好的上海到北京的一条路线上会有其他车辆或者障碍物,想要避过这些障碍物或者车辆,需要转向调整车道,这就是局部路径规划。

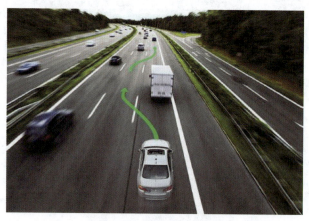

图 9-3 局部路径规划

从获取障碍物信息是静态还是动态的角度看，全局路径规划属于静态规划（又称离线规划），局部路径规划属于动态规划（又称在线规划）。全局路径规划需要掌握所有的环境信息，是高精度地图下的车道级寻径问题，解决的是起点到终点的最佳道路行驶序列；局部路径规划只需要由传感器实时采集环境信息，了解环境地图信息，然后确定出所在地图的位置及其局部的障碍物分布情况，从而可以选出从当前结点到某一子目标结点的最优路径。

根据所研究环境的信息特点，路径规划还可分为离散域范围内的路径规划问题和连续域范围内的路径规划问题。离散域范围内的路径规划问题属于一维静态优化问题，相当于环境信息简化后的路线优化问题；而连续域范围内的路径规划问题则是连续性多维动态环境下的问题。

9.1.3 决策规划的要求

决策规划是自动驾驶系统进行行为决策和路径规划的过程，该过程要完全符合人类对于驾驶性的预期，并且满足安全、舒适、高效等性能和品质的要求。具体表现在以下几个方面：

❶ 车辆应该在自动避开所有障碍物的前提下，到达指定的目的地。
❷ 车辆安全到达目的地所用的时间最短，路程最短。
❸ 采用的路径简单可靠，以便简单实现对无人车的控制。
❹ 车辆行驶的路径尽量不重复或者少重复。
❺ 车辆选用合适的行驶策略，减少车辆的能量消耗。

9.2 决策规划方法

9.2.1 目标状态预测

目标状态预测，是对智能网联汽车周边的目标（人、车、物等）进行未来比较短时间内的行为和轨迹预测，该预测信息可附加在目标感知结果中，与环境感知信息一并发送给下层的决策端，为汽车安全决策规划提供信息依据。目标状态预测主要解决两大类问题：一是目标的行为预测（包括静止、左行、右行或直行等）；二是目标的轨迹预测（包含位置、时间戳、速度、角度、加速度等信息）。通过辨识目标的行为和拟合运动轨迹，实现对目标的状态预测。

当前主流的目标状态预测方法主要包括三种：基于运动模型的卡尔曼滤波方法、基于马尔可夫链的预测方法、基于数据的神经网络方法。

❶ 基于运动模型的卡尔曼滤波方法。基于卡尔曼滤波的目标状态预测算法，考虑了目标运动状态的不确定性变化，在恒速模型中实现了目标的运动轨迹预测。这种预测方法的优点在于计算速度快，但预测的前提是假设目标的速度与行驶方向不变，这与实际的情况并不相符，所以实际应用效果并不理想。

❷ 基于马尔可夫链的预测方法。马尔可夫链是指一个满足马尔可夫性质的随机过程。马尔可夫性质是指 $t+k$ 时刻的状态与 t 时刻的状态有关，而与 t 时刻以前的状态无关。该方法实现了对目标状态的高效预测。

❸ 基于数据的神经网络方法。神经网络方法主要基于对大数据的收集和分析，根据道路采集的环境信息和跟踪目标的运动信息，预测周围人、车以及物的运动位置。与人的大脑类似，神经网络具有很强的自学性和记忆性，对于复杂的非线性系统具有很强的函数逼近能力，其特性正好可以解决目标状态预测上传统方法所不能解决的问题。

9.2.2　行为决策

智能网联汽车行为决策系统指通过传感器感知得到交通环境信息，考虑周边环境、动静态障碍物、车辆汇入以及让行规则等，与智能驾驶库中的经验知识等进行匹配，进而选择适合当前交通环境的驾驶策略。这种驾驶策略一般指的是在某个特定状态下，是变道、跟随还是超车等宏观意义上的驾驶行为。

行为决策的目标主要是保证智能网联汽车可以像人类一样产生安全的驾驶行为，满足车辆安全性能要求、遵守交通法规等。智能网联汽车的行为决策方法包括基于规则的行为决策方法和基于强化学习的行为决策方法。

❶ 基于规则的行为决策方法。智能网联汽车基于规则的行为决策方法是最常用的。如图 9-4 所示，该方法主要是将无人车的运动行为进行划分，根据

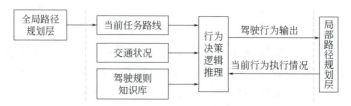

图 9-4　基于规则的行为决策方法架构

当前任务路线、交通环境、交通法规以及驾驶规则知识库等建立行为规则库，对不同的环境状态进行行为决策逻辑推理，输出驾驶行为，同时接收运动规划层对当前执行情况的反馈以进行实时动态调整。

有限状态机是一种离散的数学模型，用来研究有限个状态以及状态之间的转移。其主要包括有限状态集合、输入集合和状态转移规则集合三部分。状态、转移、事件和动作是有限状态机的四大要素。

以基于规则的超车行为决策为例，决策模型的组成主要分为顶层状态机和超车顶层状态下的子状态机，如图 9-5 所示。

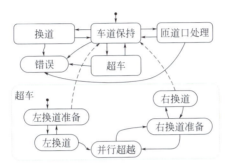

图 9-5 基于规则的超车行为决策

在超车顶层状态机下设置了超车子状态机，对超车过程中不同驾驶阶段下的转换进行逻辑建模。超车行为决策与人类驾驶行为类似，在超车子状态机下分别包括左换道准备、左换道、并行超越等。左换道准备为超车子状态机的默认初始状态，在左右换向状态下，智能网联汽车将开启相应的转向信号灯，产生一定的转向偏移，以此来提示后方车辆。

同时，智能网联汽车会根据其左后或右后车辆是否避让的状态来决定是否进行下一步的超车计划。并行超越主要用于车辆进行超车的阶段，指导车辆在超车过程中的速度变化、方向盘角度变化等，并指导车辆在超车完成后及时返回原来的车道，减少在整个超车过程中的安全风险。

❷ 基于强化学习的行为决策方法。基于强化学习的行为决策方法主要是利用各种学习算法来进行决策，利用智能网联汽车配备的各种传感器，来感知周边的环境信息，传递给强化学习决策系统，此时强化学习决策系统的作用就相当于人脑，来对各类信息进行分析和处理，并结合经验来对无人驾驶汽车做出行为决策。

基于强化学习的行为决策方法近年来发展迅速，主要有马尔可夫决策、神经网络学习算法等。这些行为决策方法可以通过大量的数据更容易地覆盖全部的工况以及不同的场景。如自动驾驶汽车公司 Waymo 就通过模拟驾驶及道路测试来获取大量的数据对其基于学习算法的行为决策系统进行训练，使得该系统对物体的检测性能得到了极大提高，还可以对障碍物进行语义理解等。

9.2.3 路径规划

路径规划是智能网联汽车实现自主驾驶的基础，其作用是在当前工作环境中按照某种性能指标搜索出一条从起点到终点的最优或次优路径。严格意义上讲，路径规划是将行为决策的宏观指令解释成一条带有时间信息的轨迹曲线，包括轨迹规划和速度规划。

根据车辆导航系统的研究历程，智能网联汽车路径规划算法可分为静态路径规划算法和动态路径规划算法。静态路径规划是以物理地理信息和交通规则等条件为约束来寻求最短路径。静态路径规划算法已日趋成熟，相对简单，但对于实际的交通状况来说，其应用意义不大。动态路径规划是在静态路径规划的基础上，结合实时的交通信息对预先规划好的最优行车路线进行适时的调整直至到达目的地，最终得到最优路径。下面介绍几种常见的车辆路径规划方法。

（1）A*算法 A*算法是一种启发式搜索算法，其是由 Hart、Nilsson、Raphael 等人率先提出，算法通过引入估价损失函数，加快算法收敛速度，提高了局部搜索算法的搜索精度，进而得到广泛的应用，是当今较为流行的最短路径算法。同时，A*算法运算所消耗的存储空间少于 Dijkstra 算法。如图 9-6 所示，其会根据栅格地图上的障碍物信息（非白色栅格），建立从起点到目标点的路径评估函数表达式，并以寻找最少的损失函数为依据规划最短可行路径。

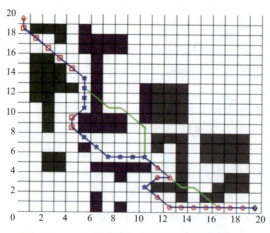

图 9-6 A*算法最短路径寻优栅格效果图

(2)Dijkstra 算法　Dijkstra（迪杰斯特拉）算法是经典的最短路径算法之一，由 E.W.Dijkstra 在 20 世纪 60 年代提出。此外，其他的较常用的规划算法还包括 Floyd 算法、双向搜索算法、蚁群算法、基于分层路网的搜索算法、神经网络算法、实时启发式搜索算法、模糊控制以及遗传算法等，需要根据不同的实际需求设计和优化不同的规划算法。如图 9-7 所示，该算法适用于计算道路权值均为非负的最短路径问题，能够给出栅格图中某一节点到其他所有节点的最短路径，以搜索准确、思路清晰见长。相对地，由于输入为大型稀疏矩阵的限定性，因此又具有占用空间大、耗时长等缺陷。

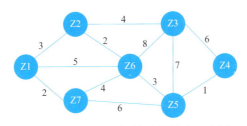

图 9-7　Dijkstra 权值计算策略示意图

在目标状态预测之后，需要对智能网联汽车路径进行规划。路径规划的基本思路是：把需要解决的最短时间、最短距离、最少花费等问题转变成求解最短路径，因为只要找到了最短路径，以上问题都将得到解决。其一般步骤主要包括环境建模、路径搜索和路径平滑三个环节，如图 9-8 所示。

图 9-8　路径规划的一般步骤

❶ 环境建模。环境建模是路径规划的重要环节，目的是建立一个便于计算机进行路径规划所使用的环境模型，即将实际的物理空间抽象成算法能够处理的抽象空间，实现相互间的映射。

❷ 路径搜索。路径搜索阶段是在环境模型的基础上应用相应算法寻找一条行走路径，使预定的性能函数获得最优值。

❸ 路径平滑。通过相应算法搜索出的路径并不一定是一条运动体可以行走的路径，需要做进一步处理与平滑才能使其成为一条实际可行的路径。

对于离散域范围内的路径规划问题，或者在环境建模或路径搜索前已经做好路径可行性分析的问题，路径平滑环节可以省去。

第 10 章

智能网联汽车测试技术

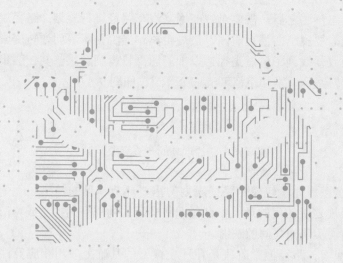

10.1 智能网联汽车测试概述

（1）智能网联汽车道路测试的必要性、政策及国家标准体系

❶ 智能网联汽车道路测试的必要性。智能网联汽车道路测试是技术研发和应用过程中必不可少的步骤，在正式推向市场之前，也必须通过实际交通环境测试，以全面地验证自动驾驶功能，实现与道路、设施及其他交通参与者的适应与协调。

我国主要汽车整车和零部件、电子、通信、互联网等企业均在积极进行整车及关键系统、计算平台和软硬件的研发工作，部分企业已经完成若干不同等级自动驾驶功能的产品开发，并通过计算机模拟、试验台架评测、试验场及封闭道路测试等对自动驾驶功能进行了测试验证，盲区监测、自动紧急制动、车道保持辅助等驾驶辅助系统以及车载通信服务系统已实现量产和装车应用。

智能网联汽车道路测试也是美欧日等国家和地区从技术发展和管理角度采取的普遍做法。美欧日等国家和地区已相继出台道路测试相关规定，通过修改现行法律或采取豁免措施以允许智能网联汽车使用公共道路测试，德国、英国等已经明确智能网联汽车可在包括高速公路在内的各类道路上进行测试。

❷ 智能网联汽车道路测试政策。近年来，我国智能网联汽车技术及道路测试发展迅速。

2018年，工业和信息化部制定了《车联网产业发展行动计划》及《车联网和智能网联汽车发展三年行动计划》，建立涵盖车辆、通信、道路设施等的标准体系。同时，各地也在加紧拟定关于智能驾驶上路的法规。

2018年3月，上海发布了《上海市智能网联汽车道路测试管理办法（试行）》；同时，重庆市也发布了《重庆市自动驾驶道路测试管理实施细则（试行）》。

2018年4月，工业和信息化部、公安部、交通运输部联合颁布了《智能网联汽车道路测试管理规范（试行）》，是我国中央政府出台的第一个规范自动驾驶汽车道路测试的法规文件。

我国各地关于智能网联汽车道路测试出台的主要政策法规文件见表10-1。

表 10-1　道路测试相关政策法规汇总

地区	时间	政策法规文件名称
全国	2018.4	《智能网联汽车道路测试管理规范（试行）》
全国	2018.12	《车联网（智能网联汽车）产业发展行动计划》
北京	2018.1	《北京市自动驾驶车辆封闭测试场地技术要求（试行）》
重庆	2018.3	《重庆市自动驾驶道路测试管理实施细则（试行）》
上海	2018.3	《上海市智能网联汽车道路测试管理办法（试行）》
天津	2018.6	《天津市智能网联汽车道路测试管理办法（试行）》
武汉	2018.11	《武汉市智能网联汽车道路测试管理实施细则（试行）》
广东	2018.12	《广东省智能网联汽车道路测试管理规范实施细则（试行）》

❸ 智能网联汽车测试国家标准体系。2018 年 6 月，工业和信息化部与国家标准化管理委员会联合印发《国家车联网产业标准体系建设指南（总体要求）》《国家车联网产业标准体系建设指南（信息通信）》和《国家车联网产业标准体系建设指南（电子产品和服务）》三份文件。文件提出，加紧研制自动驾驶及辅助驾驶相关标准、车载电子产品关键技术标准、无线通信关键技术标准、面向车联网产业应用的 LTE-V2X 和 5G-V2X 关键技术标准。到 2020 年，基本建成国家车联网产业标准体系。此外，工业和信息化部还发布了《车联网（智能网联汽车）直连通信使用 5905～5925MHz 频段的管理规定》和《2018 年智能网联汽车标准化工作要点》。

2018 年 5 月 18 日，中国汽车工程研究院股份有限公司联合中国智能网联汽车产业创新联盟、清华大学、北京航空航天大学、同济大学、国内外整车厂及互联网公司在北京举办了智能网联汽车测试评价技术研讨会并成立了智能汽车测试评价联合研究中心。

该中心旨在联合各大高校、整车厂、零部件供应商、出行服务企业、互联网企业，采集不同交通环境下"人 - 车 - 路"相关场景、通信环境、车辆运动状态、驾驶人行为等数据，建立中国典型的交通环境数据库以及智能网联汽车虚拟仿真测试数据库；构建具有中国特色的测试评价体系，制定具有国际影响力的测试评价标准及测试规范；开发通用高效的仿真测试与道路测试工具，协助国家相关部门进行自动驾驶运营监管及法规制定，为面向中国交通场景的智能网联汽车测试评价提供理论、方法及工具支撑。

（2）智能网联汽车仿真测试　应用传统的封闭场地测试或开放 / 半开放道

路测试会存在测试周期长、测试成本高、场景覆盖有限、安全风险高等问题，尤其会受政策制定、场地建设的时间和资源限制，给企业将车辆投入自动驾驶测试带来一定的门槛。此外复杂的场景也难以在测试场中复现，就中国城市道路而言，存在着300种以上的道路场景，部分测试难度高，难以对车辆进行全面验证，再加上现实中对于极端条件下的驾驶场景复现也存在较大的困难，需要耗费大量的物力及时间。

总体来看，智能网联汽车道路测试存在着诸多限制，虽然可以建设专用的测试场来进行针对性的测试，但仍然无法从根本上进行测试方法的优化。

驾驶场景虚拟仿真则能够很好地解决此类测试问题，由于没有真实场景的限制，对复杂场景的重建和场景参数化重组都会比实车测试更容易实现，弥补了道路测试无法实现场景覆盖度和重复性的限制，可以实现场景、交通流、道路信息、车辆动力学、驾驶人模型的定制化和参数化仿真，具有更好的可扩展性和可移植性。仿真测试还可以进行更加具有针对性的测试，支持更加细分的商业模式，对行业发展也有着长远的促进作用。

为了保证满足智能网联汽车各种软/硬件测试要求和场景测试要求，同时提高测试效率、降低测试成本，在未来的智能网联汽车测试中更趋向虚拟仿真技术和硬件在环的技术，如图10-1所示。

图10-1　虚拟仿真测试加速自动驾驶安全测试

仿真过程中，在图像处理单元的驱动下，细节逼真的图像以及鲁棒性好的物理引擎，让数字仿真技术在自动驾驶汽车的训练和测试中发挥高效作用，也为工程测试人员提供了所需的有利条件。通过结合云计算、高精度地图、虚拟现实等技术，驾驶场景虚拟仿真可以将测试扩展到更多的应用场景，对L2及以上级别的自动驾驶功能研发有着极大的加速推进作用。

智能网联汽车仿真测试具有诸多优势，它也是道路测试和产业化之前不可或缺的环节，但仿真测试过程中也会遇到以下问题：

❶ 场景数据库问题。智能网联汽车最大的特点就在于它与外部连接的交互性，在仿真过程中，需要首先解决的问题是从系统环境需求角度建立符合中国场景的顶级数据库，然后进行典型的交通环境数据的采集与分析并建立评价体系。场景数据库包括典型行为特性的分析，并把场景数据库作为未来智能网联汽车测试的基础数据库，以支持大规模的硬件仿真。

❷ 仿真模型问题。无论是交通场景的仿真模型，还是车辆动力学模型，或是控制算法模型，每一个模型都需要一个较好的解决方案。目前，传统车辆动力学模型和算法基本是可以解决模型问题的，较难解决的是环境模拟。目前国外有很多这个方面的虚拟仿真的软件，例如 PreScan。国内也有一些团队在开发相应的软件，其核心是环境模拟和传感器模拟，以及如何把传感器模拟做到和真实传感器一致。

10.2 智能网联汽车道路测试

（1）智能网联汽车测试场地　按照功能不同，ADAS 可分为：智能汽车 ADAS 测试场地、智能汽车 V2X 测试场地、自动驾驶测试场地。

❶ 智能汽车 ADAS 测试场地。欧美日等国家和地区在智能网联汽车 ADAS 方面起步较早，现欧洲、美国、日本等已出台典型功能相关的测试标准，不同标准中对测试环境的要求涵盖了较多的测试工况，主要包括直道测试、弯道测试、传感器误识别测试等。

❷ 智能汽车 V2X 测试场地。V2X 是一个涉及车与周围交通元素、网络等协同和交互的复杂应用系统，也是智慧交通的重要组成部分，其测试场地应涵盖由人、车、路和环境组成的完整闭环系统。V2X 测试场地与 ADAS 测试场地功能不同，更注重环境的适应性，尤其是高速和城市街道环境中的应用。

❸ 自动驾驶测试场地。智能网联汽车技术是多种技术的复杂组合，包含但不限于 ADAS 和 V2X，其技术验证测试是未来几年的主要测试需求。测试场地需要在可控范围内尽可能还原真实交通环境。

可控测试场地关键要素应涵盖环境要素、交通要素、设施要素、通信要素、控制要素、功能要素等。测试环境应包括高速道路（限速 120km/h）、城市区域（限速 40～60km/h）和乡村道路（限速 20～30km/h），除限速要求外，各类测试环境还应具备相应的特点，如乡村道路应具备多弯道、凹凸路面、碎石路面、坡道等，城市区域应具备视线遮挡（建筑物、植被等）环境、多交叉路口、环岛、多交通设施设备等，高速道路应具备隔离带、护栏、应急车道、无信号灯等。基于封闭测试场构建各种实际道路场景，进行智能网联汽车安全性的试验验证是智能网联汽车上路必经的有效途径。

（2）智能网联汽车测试示范区　实际道路环境下的技术试验是智能网联技术发展成熟的必由之路。在技术成熟度尚未达到满足实际运营要求的情况下，利用封闭测试场地进行智能网联技术的试验验证是提升智能网联汽车安全性和可靠性的重要途径。因此，我国各地也展开了智能网联汽车测试场地建设，以下为三个有代表性的测试场地：

❶ 国家智能汽车与智慧交通（京冀）示范区海淀基地。国家智能汽车与智慧交通（京冀）示范区是为落实工业和信息化部、北京市、河北省签订的《基于宽带移动互联网的智能汽车与智慧交通应用示范部省合作协议》而设立。在示范区内模拟多种道路和场景，为智能网联汽车提供实际的运行环境，可测试V2X、无人驾驶汽车、智慧交通等技术，它是促进产业快速发展的国际级示范区。

2017年6月底，全球第一条V2X潮汐车道正式对外投放使用。该基地是面向自动驾驶车辆研发测试、能力评估而建设的封闭测试场地，"国家智能汽车与智慧交通（京冀）示范区海淀基地"也已正式启用，如图10-2所示。

图10-2　国家智能汽车与智慧交通（京冀）示范区

试验道路位于北京经济技术开发区荣华中路至博大大厦路段，道路全长12km，含公交专用道、潮汐车道和主辅路等复杂交通环境，在7个路口部署了20余套设备，并与交通信号灯、路侧标示标牌、可变情报板、施工占道标志等互联。具有车联网功能的汽车在该路段行驶，可实现盲区提醒，紧急车辆接近、行人闯入、绿灯通过速度提示，优先级车辆让行等功能，使得驾驶人更加安全高效通过。已有多家智能车企、通信公司、科研机构等在这条测试道路上进行了最新智能技术的测试，并在2017年9月6日，示范区正式宣布面向全球企业开展测试服务。同时，开放道路设有试验位，允许厂商申请使用以测试路侧设备。

❷ 上海国家智能网联汽车示范区。"国家智能网联汽车（上海）试点示范区"是国内第一个封闭性的智能网联汽车测试区，位于上海安亭，2016年开始投入运营。上海示范区旨在测试和演示智能汽车、车联网通信关键技术。示范区的建设将分四个阶段推进：封闭测试区、开放道路测试区、典型城市综合测试区、示范城市与交通走廊示范区。在2020年实现覆盖面积达到150km^2，10000辆车的容量，其中，9000辆背景车、1000辆测试车；道路总长500km，覆盖高速、城市和乡村等综合性交通场景。在示范区的一期建设中，已搭设了多种道路场景及相应的通信设施，包含隧道、林荫道、加油/充电站、地下停车场、十字路口、丁字路口、圆形环岛等交通场景；基础设施包含1个GPS差分基站、2座LTE-V通信基站、16套DSRC和4套LTE-V RSU、6个智能红绿灯和40个各类摄像头，可定位精度控制在厘米级范围以内。

该示范区可为自动驾驶测试及车联网通信提供多达100种测试，是到目前为止功能测试场景最多、通信技术最丰富的国际领先测试区。截至2018年5月，封闭测试区已完成了200多个测试场景建设，累计为40多家国内外企业提供450余天次、超过5000h的测试服务。7月，封闭示范区内的无人驾驶科普体验区对外开放。

图10-3　上海国家智能网联汽车示范区

根据示范区的规划，至 2019 年底，测试区的覆盖面积将达到 100 平方公里，将增加高速公路测试场景，测试车辆达到 5000 辆。2020 年，通过嘉闵高架等道路智能改造，形成汽车城与虹桥商务区两个城市独立共享交通闭环，如图 10-3 所示。

❸ 吉林长春国家智能网联汽车应用（北方）示范区。吉林智能汽车与智慧交通应用示范基地是中国国内首家寒区和东北地区的智能汽车和智慧交通测试体验基地。2016 年 11 月由工业和信息化部与吉林省政府签订合作框架协议启动，2017 年 8 月长春智能示范区开始建设。该示范基地可为智能汽车和智慧交通提供 72 种主要场景、1200 个子测试场景、214 种细分场景的现场测试，对于验证未来智能汽车和智慧交通"传感器 +V2X+ 人工智能 + 执行器"的功能和性能可提供有效的工具与手段（图 10-4）。

该基地将分为三个阶段建设：

第一阶段：完成不少于 2 辆车上 V2X 通信设备及北斗高精定位设备的安装，可容纳 100 辆测试车同时测试，实现信息提示、安全预警等应用。

第二阶段：完成 8 辆以上车上 V2X 通信设备和北斗高精度定位设备的安装，可容纳 500 辆测试车同时测试，实现信息提示、安全预警与控制、绿色节能等智能网联化应用。

第三阶段：2019 年，完成智能网联汽车综合性典型城市示范区建设，占地面积 $100km^2$，50 辆以上车上 V2X 通信设备和北斗高精度定位设备的安装，可支持示范车辆达到 1 万辆，500 辆以上测试车辆安装 4G 的 T-BOX 和北斗高精度定位设备，其余车辆安装 4G 的 OBD 终端；道路涵盖城市快速道路、乡村道路、客货运中心、商业住宅区、工业园区，以及隧道、桥梁、立交桥、山地、环湖、坡路等多种道路环境，实现信息提示、安全预警与控制、绿色节能等智能网联化应用。

图 10-4　红旗智能网联汽车场地

10.3 智能网联汽车测试场景

(1) 智能网联汽车测试的主要相关术语

❶ 目标车辆。用于构建测试场景的量产乘用车、商用车，或具备激光雷达、毫米波雷达、超声波雷达和摄像头等传感器的感知属性，能够替代上述车辆的柔性目标。

❷ 车载单元。安装在测试车辆上、用于实现车辆与外界（即 V-X，包括车-车、车-路、车-人、车-云端等之间）联网通信的硬件单元。

❸ 路侧单元。安装在测试场地道路路侧、用于实现车辆与外界（即 V-X，包括车-车、车-路、车-人、车-云端之间）联网通信的硬件单元。

❹ 车车通信。测试车辆与目标车辆通过车载单元进行数据包收发而完成的信息通信。

❺ 车路通信。测试车辆与道路基础设施通过车载单元、路侧单元进行数据包收发而完成信息通信。

❻ 动态驾驶任务。完成车辆驾驶所需的感知、决策和操作，包括但不限于：控制车辆横向运动、控制车辆纵向运动、目标和事件探测与响应、行驶规划和控制车辆照明及信号装置。注意：不包括行程计划、目的地和路径的选择等任务。

❼ 编队行驶。多辆测试车辆以较小的车距纵队排列的行驶状态；其中，第一辆车为人工操作驾驶，从第二辆车开始为自动驾驶。

❽ 指令。驾驶人输入信号和测试车辆通过感知、地图等信息自主发出的信号。例如，在变更车道场景中，测试车辆获得指令后执行变更车道动作；此时，指令既可是驾驶人操纵转向指示灯发出的执行信号，也可是测试车辆基于感知自主决策发出的执行信号。

(2) 智能网联汽车测试项目及场景　2018 年 4 月，工业和信息化部、公安部、交通运输部联合发布《智能网联汽车道路测试管理规范（试行）》，对智能网联汽车道路测试申请、审核、管理以及测试主体、测试驾驶人和测试车辆要求进行规范。2018 年 8 月，中国智能网联汽车产业联盟和全国汽标委智能网联汽车分技术委员会编制了《智能网联汽车自动驾驶功能测试规程》，提出各检测项目对应场景、测试规程及通过条件。

智能网联汽车测试包括 14 个测试项目及 39 个测试场景，每个测试项目和测试场景的具体要求如表 10-2 所示。

表 10-2 智能网联汽车自动驾驶功能检测项目及测试场景

序号	检测项目	测试场景
1	交通标志和标线的识别与响应	限速标志识别及响应 停车让行标志、标线识别及响应 车道线识别及响应 人行横道线识别及响应
2	交通信号灯识别及响应	机动车信号灯识别及响应 方向指示信号灯识别及响应
3	前方车辆行驶状态识别及响应	车辆驶入识别及响应 对向车辆借道本车车道行驶识别及响应
4	障碍物识别及响应	障碍物测试 误作用测试
5	行人和非机动车识别及避让	行人横穿马路 行人沿道路行走 两轮车横穿马路 两轮车沿道路骑行
6	跟车行驶	稳定跟车行驶 停 - 走功能
7	靠路边停车	靠路边应急停车 最右车道内靠边停车
8	超车	超车
9	并道	邻近车道无车并道 邻近车道有车并道 前方车道减少
10	交叉路口通行	直行车辆冲突通行 右转车辆冲突通行 左转车辆冲突通行
11	环形路口通行	环形路口通行
12	自动紧急制动	前车静止 前车制动 行人横穿
13	人工操作接管	人工操作接管
14	联网通信	长直路段车车通信 长直路段车路通信 十字交叉口车车通信 编队行驶测试

10.4 智能网联汽车虚拟仿真测试

（1）**仿真测试系统组成** 仿真技术的基本原理是在仿真场景内，将真实控制器变成算法，结合传感器仿真等技术，完成对算法的测试和验证。自动驾驶汽车仿真测试应用数学模型、相应的实物模型、测试装置（如摄像头、毫米波雷达、激光雷达等）、计算机系统（包括硬件和软件）以及部分实物组成的仿真系统，可对某一系统进行数字仿真、物理仿真（半实物仿真）、物理仿真（实物仿真），以便分析、设计与研究智能网联汽车中被仿真测试的系统。

一个完整的自动驾驶仿真平台，需要包括静态场景还原、动态案例仿真、传感器仿真、车辆动力学仿真、并行加速计算等功能，并能够较为容易地接入自动驾驶感知和决策控制系统，如图 10-5 所示。只有算法与仿真平台紧密结合，才能形成一个闭环，达到持续迭代和优化的状态。

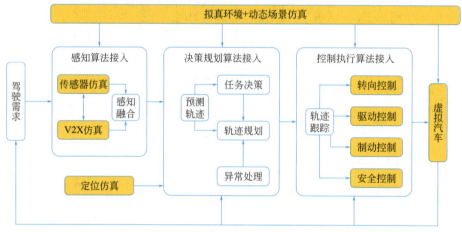

图 10-5 自动驾驶仿真系统模块

（2）**国内外仿真测试现状** 为了验证自动驾驶汽车的性能，自动驾驶汽车所需测试里程需达到数十亿公里且无意外，所有世界知名的智能驾驶汽车厂商（Tesla、Audi、英伟达等）在智能驾驶/无人车的开发中都大量采用了仿真测试的手段，国内整车企业也在逐渐部署仿真测试能力。国内外汽车企业关于自动驾驶汽车仿真测试的现状见表 10-3 和表 10-4。

表 10-3 国内企业自动驾驶汽车仿真测试现状

国内企业	应用情况
一汽研究院	高速自动驾驶和自动泊车开发（VTD）
上汽集团	自动泊车开发与应用（carmaker）
长安集团	高速自动驾驶算法开发及自动化测试（prescan，matlab）
东风集团	高速自动驾驶功能开发及测试（carmaker）
广汽研究院	高速自动驾驶和自动泊车共同开发和测试（carmaker）
拜腾	高级自动驾驶功能开发，虚拟试验场建设
吉利研究院	高速自动驾驶功能开发及仿真测试（carmaker）
观致汽车	ADAS 算法开发及硬件在环测试（carmaker+NI）
华为	基于 VTD 的超算中心、虚拟试验场、自动驾驶算法测试

表 10-4 国外汽车企业自动驾驶汽车仿真测试现状

国外企业	应用情况
大众自动驾驶开发	L3 自动驾驶开发与验证平台，77G 雷达 OTA2 目标模拟
AUDI 自动驾驶开发	L3 自动驾驶开发与验证平台，77G 雷达 OTA2 目标模拟
HYUNDAI 自动驾驶开发	自动驾驶 77G 雷达 OTA2 目标模拟
AUTOLIF 雷达生产测试	77G 雷达 OTAEOL 测试
TOYOTA 自动驾驶开发	自动驾驶 77G 雷达 OTA2 目标模拟
NISSAN 自动驾驶开发	自动驾驶 77G 雷达 OTA2 目标模拟

（3）虚拟仿真技术　虚拟仿真技术应用汽车工程、交通工程、计算机科学、软件工程等多学科知识，对车辆动力学模型及自动驾驶算法模型进行不同程度的抽象，将汽车驾驶场景在计算机模拟过程中进行重建和复现。

在自动驾驶技术开发过程中，需要在各种行驶条件下，对无人驾驶技术进行不断的验证测试，从而确保其安全程度能够高于人类驾驶员的操作。这意味着，在一些时候要在实际道路上对其进行测试。然而同样重要的是在虚拟道路上的仿真测试，虚拟测试也是积累无人驾驶汽车测试里程的重要手段之一。随着高级图形处理技术的发展，虚拟道路测试能够有效对危险或不常见的驾驶场景进行测试。虚拟仿真的灵活性和多用性，使其在自动驾驶技术开发中发挥着重要作用。

❶ 在环仿真测试。依托于仿真平台，应用多种软硬件技术进行在环测试是驾驶场景虚拟仿真的主要研发内容。根据不同的测试需求，测试厂商使用了软件在环（SIL，software in loop）、硬件在环（HIL，hardware in loop）、车辆在环（VIL，vehicle in loop）、驾驶人在环（DIL，driver in loop）等多种测试工具链，测试目的包括算法验证、控制器验证、虚拟环境下的实车验证。另外在

软件在环测试的过程中也可以将算法模型抽出进行独立模拟，形成模型在环（MIL，model in loop）的方案，如图10-6所示。

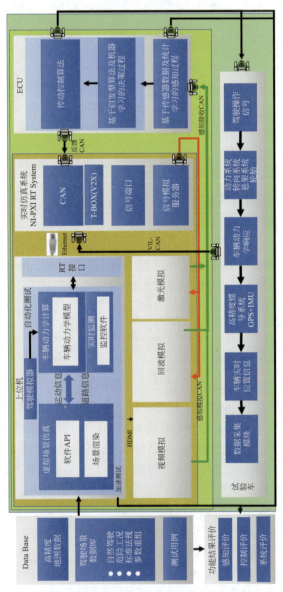

图10-6 在环测试完整体系

❷ 虚拟场景构建。在仿真软件中进行高速公路、城市道路和停车场虚拟场景的搭建，形成智能网联汽车虚拟测试场景库，如图10-7所示。50万公里

驾驶场景拟搭建高速公路场景 150 类、城市道路场景 200 类、停车场泊车场景 150 类。

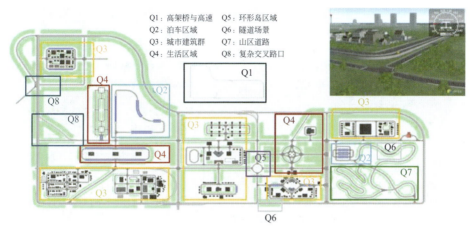

图 10-7　自动驾驶测试虚拟仿真试验场

基于采集的百万公里驾驶场景提炼的测试场景为企业建设满足高级别自动驾驶测试的虚拟仿真测试场提供了依据，虚拟测试场景将根据不同自动驾驶功能已有的自动驾驶测试评价体系合理组合搭配场景，测试场景涵盖城市、高速公路、山区和停车场等区域，包含道路交通标志标线、红绿灯和通信设备等道路交通设施，覆盖危险场景、一般场景和边角场景等场景类型，综合进行智能网联汽车的测试和评价工作。自动驾驶虚拟测试场景如图 10-8 所示。

图 10-8　自动驾驶虚拟测试场景

a. 动态虚拟场景。自动驾驶虚拟仿真试验场包含八大测试区,满足不同自动驾驶功能场景设计运行域的需求,场景介绍见表10-5。

表 10-5 自动驾驶虚拟仿真八大测试区

测试区场景	场景介绍
高架桥与高速公路	该路段围绕整个沙盘一周,可实现进出高速公路时道路合流、自适应巡航ACC、车道保持、车道变更等符合高速行驶场景的仿真
泊车区域	该功能区分为室外停车场和多层停车楼两部分,可进行不同车位出入库、室内场景停车诱导、室内定位、自主泊车功能开发验证等仿真
城市建筑群	在该场景中,可进行路口碰撞预警,行人、车辆等障碍物停障、避障等车辆横纵向决策控制及局部路径规划验证
生活区域	该区域包含广场、公园等场景,可以实现在人群密集、道路狭窄以及交通参与者多变的情况下的仿真测试
环形岛区域	该区域可实现在环形岛交叉口的混乱和拥堵时智能汽车启停优化控制、低速跟车行驶、道路合流的仿真
隧道场景	该场景的特点是,在隧道中通信信号减弱,在进出隧道时对光线变化控制的要求也很高,对车辆的安全性有很大的考验
山区道路	弯道多、坡道多、一边傍悬崖一边靠陡壁,路况复杂。可仿真泥泞道路、陡坡、雨天及夜间行车等危险工况
复杂交叉路口	该功能区可实现智能交通系统红绿灯配时、绿波导引、V2X及智能汽车启停优化控制仿真,并进行道路合流、智能网联汽车智能决策开发验证

b. 静动态组合场景。自动驾驶虚拟仿真试验场已具备添加《智能网联汽车自动驾驶功能测试规程(试行)》所有可用于仿真测试的动态驾驶任务的能力,同时包括起步、停车、跟车、变更车道、路口左转弯、路口右转弯、直行通过路口、直行通过人行横道线、靠边停车、会车、通过环岛、通过立交桥主辅路行驶、通过学校区域、通过隧道与桥梁、通过泥泞山路、通过急转弯山路、超车、夜间行驶、倒车入库、侧方停车、通过雨区道路、通过雾区道路、通过湿滑路面、避让应急车辆等复杂动态驾驶任务的测试功能,如图10-9所示。

(4)仿真测试评价体系 虚拟仿真测试评价整体思路包括测试用例的选择与场景设计、分配场景于不同的测试需求(如模型在环、软件在环、硬件在环测试),然后基于场景与功能分别设计评价方法与评价指标,根据基于场景的评价指标分配权重,最终输出自动驾驶功能的评价结果。

图 10-9 动静结合场景

如图 10-10 所示，针对 L1、L2 级的评价测试，主要依赖典型测试实例进行横纵向功能评价，具体评价体系中包括场景描述、场景参数设定以及评判依据。针对 L3 级以上的评价测试，应包含序列化的场景，同时要建立序列化场景的复杂度评价体系。

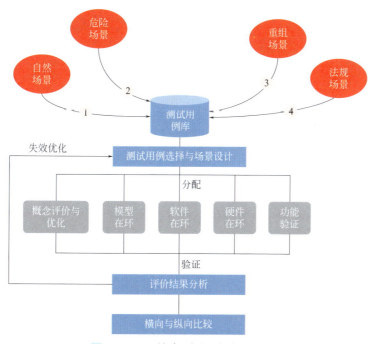

图 10-10 仿真测试评价整体思路

基于场景的评价方法主要有两个评价指标，一个是功能指标，一个是场景指标。如图 10-11 所示，基于功能的评价指标主要评价驾驶任务的完成度，针对不同的功能，设计不同的完成指标，并根据对于该功能的完成情况，给出评分；基于场景的评价指标，用于评价场景的复杂度，根据信息的方式计算出该场景的复杂度指标，该测试功能依据不同复杂度的场景给出的评分在总评分中的占比不同，从而以权重配比的方式，得出该测试功能的综合得分。

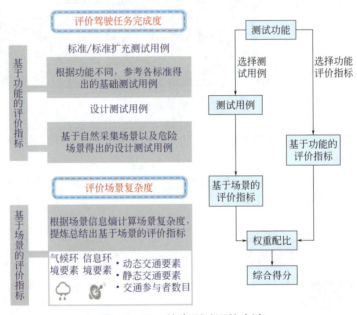

图 10-11　仿真测试评价方法

参考文献

[1] 崔胜民.智能网联汽车新技术［M］.2版.北京：化学工业出版社，2021.

[2] 韩毅.图说智能汽车无人驾驶技术［M］.北京：化学工业出版社，2023.

[3] 田晋跃.电动汽车一体化动力传动技术［M］.北京：化学工业出版社，2023.

[4]（美）侯赛因.纯电动及混合动力汽车设计基础［M］.北京：机械工业出版社，2012.

欢迎订购化工版汽车技术类图书

书号	书名	定价/元	出版时间
42812	图说汽车智能辅助驾驶技术	69.80	2023.04
42398	图说汽车绿色维修技术	79.80	2023.03
42233	电动汽车分布式驱动控制技术	128.00	2023.01
42061	电动汽车一体化动力传动技术	128.00	2023.01
42384	混合动力系统优化及智能能量管理	128.00	2023.03
42247	图解汽车线束技术基础	60.00	2023.01
42406	车迷不可不知的100个智能汽车知识	69.80	2023.04
42438	车迷不可不知的100个新能源汽车知识	69.80	2023.03
38356	车迷不可不知的100个汽车知识	59.80	2021.04
41660	图解新能源汽车 原理·构造·诊断·维修	128.00	2023.01
40549	图解智能网联汽车 原理·构造·诊断·维修	108.00	2022.05
38384	汽车传感器从入门到精通	99.00	2021.04
36176	无人驾驶技术	69.00	2020.05
35262	汽车轮毂液压混合动力系统关键技术	98.00	2020.02
34224	汽车防盗原理与编程技术	99.00	2019.07
32369	智能交通与无人驾驶	88.00	2018.10
30423	汽车知识与探秘	39.90	2018.01
30852	电动汽车结构·原理·应用（第二版）	98.00	2018.01
29712	汽车构造与原理百日通	69.00	2017.08

以上图书由化学工业出版社·汽车出版中心出版。如要以上图书的内容简介和详细目录，或者更多的专业图书信息，请登录 http://www.cip.com.cn

地址：北京市东城区青年湖南街13号（100011）

购书咨询：010-64518888（传真：010-64519686）

如要出版新著，请与编辑联系。

联系邮箱：729241470@qq.com 或 huangying0436@163.com。